働く女子の運命

濱口桂一郎

文春新書

1062

はじめに

二〇一五年八月に「女性の職業生活における活躍の推進に関する法律」(女性活躍推進法)が成立しました。この法律では、大企業は自社の女性の活躍状況を分析し、「行動計画」を作らなければなりません。中小企業は努力義務です。この分析事項の中に、女性の採用割合、勤続年数の男女差、女性管理職の割合があり、要するに間接的な形で女性管理職の比率を引き上げようとする法律です。

この動きの出発点は二〇一四年六月の『日本再興戦略』改訂二〇一四」に、数値目標として「二〇二〇年に指導的地位に占める女性の割合三〇%」(二〇一三年管理職比率:七・五%、二〇一二年:六・九%)が掲げられたことです。その少し前、二〇一三年一〇月に世界経済フォーラムが発表した社会進出における男女格差を示す「ジェンダーギャップ指数二〇一三」では、日本は一三六か国中一〇五位でした。女性の健康分野などはトップクラスなので、この低さをもたらしているのは政治分野における女性の割合や女性管理職の割合の低さです。ここを何とかしないといけないという認識が、ようやく政権中枢に及んできたのでしょう。

しかしなぜ日本の女性はこんなにも活躍していないのでしょうか。日本はもともと男尊女卑の国だから？　いやいや、前近代社会からずっと、日本は決して女性の地位の低い国ではありませんでした。むしろ、昔から男女平等でやって来たような顔をしている欧米諸国の方が、ほんの数世代前に遡れば、働く場においてはかなり頑固な男性優位、女性排除が色濃く存在していたのです。男女平等がまともに議論されるようになったのは二〇世紀になってから。政府が取り組むべき喫緊の政策課題になったのはその後半からです。アメリカで公民権法ができたのが一九六四年、ヨーロッパ諸国で男女平等法ができていったのが一九七〇年代、国連の女性差別撤廃条約ができたのが一九七九年、日本の男女雇用機会均等法（男女均等法）が一九八五年です。若干の時間差はありますが、既にその時間差以上の長い時が流れています。

その後、男女均等法も努力義務から法的義務に強化され（一九九七年）、育児休業法もどんどん充実していき、少なくとも六法全書に載っている女性関係の法律を見る限り、欧米諸国に比べて遜色があるようには見えません。そう、字面の上では。ところが、ジェンダーギャップ指数で見ると、この一〇年間ですら、二〇〇六年に一一五か国中七九位だったのが、どんどん順位を下げていき、二〇一〇年には一三四か国中九四位、二〇一三年には一三六か国中一〇五位にまで落ちているのです。それで今ごろになって慌てて女性活躍推進法などを作りだしたわけです。二〇一五年には一四五か国中一〇一位とわずかに改善しましたが、これは女性閣僚が増えて「政治」の得点がアップしたためで、「職場」は悪化しています。

ここには何か、法律の条文には現れていない、女性の活躍を阻害する要因が日本の社会に働いているに違いありません。

その理由を手っ取り早く知りたい方は、とりあえず目次をめくって「序章　日本の女性はなぜ『活躍』できないのか？」に目を通して下さい。その根源にあるのは欧米社会と異なる日本独特の雇用システムであることが簡単に説明されています。それを読んでもいまいち納得できない方は？　是非第1章から始まる本書のメイン部分に取り組んでみて下さい。今まで見えなかった何かが見えてくるはずです。

働く女子の運命◎目次

第2章　女房子供を養う賃金　71

序章　日本の女性はなぜ「活躍」できないのか？

■雇用システムの違いがその要因

欧米社会では、企業の中の労働をその種類ごとに職務（ジョブ）として切り出し、その各職務を遂行する技能（スキル）のある労働者をはめ込みます。旋盤操作のできる人、経理事務のできる人、法務のできる人、といった具合です。つまり、採用とは基本的にすべて（新たに職務を設ける場合も含めて）欠員補充です。労働者の側から見れば、「職」に「就」くのですから、言葉の正確な意味での「就職」が行われることになります。スキルがあるのが採用の前提ですから、そのジョブのそのスキルに対応する賃金がはじめから払われます。そして、職業資格が上がった等の事情がない限り、時間の経過だけで自動的に賃金が上がるということは原則としてありません。組織内のあるポストに誰かを昇進させるのも、採用と基本的に同じであって、欠員募集に応募した候補者の中から職業資格でみてもっとも相応しい人をそのポストに充てるのです。なんだかよくわからない基準で人事部がぐるぐると人事異動させる社会の感覚とはまったく異なります。こういう労働社会のあり方を、私は「ジョブ型社会」と呼んでいます。

これに対して日本社会では、企業とはそこに人をはめ込むべき職務の束ではなく、社員（会社のメンバー）と呼ばれる人の束だと考えられています。この「社員」は、欧米社会と違って特定の職務を遂行するために採用されるのではありません。さまざまな職務を企業の命令に従って遂行することを前提に、（今は特定の職務はできなくても）将来さまざまな職務をこなしていけそうな人を、新卒一括採用で「入社」させます。労働者の側から見れば、これはいかなる意味でも「就職」とは言えません。だって、どんな職務をやらされるのかは、入社後配属命令を受けるまで分からないのですし、配属されてもしばらくは上司や先輩の指示に従って、仕事を覚えていかなければならないからです。そうやって仕事を覚えて一人前に仕事をこなせるようになると、また別の部署に配置転換で、新たに仕事を覚えていく必要があります。仕事をしながらスキルを身につける、これが日本流のオン・ザ・ジョブ・トレーニング（ＯＪＴ）です。こうして勤続とともにいろんな仕事をこなせるようになるので、それに応じて年功的に賃金も上がっていくことになります。こういう労働社会のあり方を、私は「メンバーシップ型社会」と呼んでいます。

欧米でもかつては男尊女卑の意識が強く、男の職域に女が進出してくることを忌み嫌うマッチョな男たちが一杯いました。しかし、ある人を採用するか否か、昇進させるか否かの判断基準は、その男たちにとっても、そのジョブを遂行するスキルがあるか否かであり、それ以外には存在しません。そうである以上、公的なクォリフィケーション（職業資格）

によって、女性が正々堂々とそのジョブを遂行するスキルがあることを示すならば、「何で俺たちの職場に女がしゃしゃり出てくるんだ」と不満を漏らす男たちにも、それを拒む根拠はありません。ジョブもスキルも企業を超えた社会的基準として存在していますから、ある企業の中だけでそれと違うことはやれません。いろいろと抵抗はあっても、このジョブの仕組みに乗って女性が男性の職域に進出していったのです。

ところが日本のメンバーシップ型社会では、そもそも雇用関係がジョブに基づいているわけではありませんし、そのジョブをこなせるスキルがあるから採用したり昇進させたりするわけではありません。新卒採用から定年退職までの長期間にわたり、企業が求めるさまざまな仕事をときには無理をしながらもこなしていってくれるだけの人材であるかどうかという全人格的判断がなされます。その中で、女性はいま目の前のこの仕事をどれだけきちんとこなせるかなどという些細なことではなく、数十年にわたって企業に忠誠心を持って働き続けられるかという「能力」を査定され、どんな長時間労働でもどんな遠方への転勤でも喜んで受け入れられるかという「態度」を査定され、それができないようでは男性並みに扱われないのです。ちなみに、この「能力」と「態度」の度合いを表す特殊日本的「職能資格」という言葉は、欧米社会の職業資格とは似ても似つかぬ概念ですので、間違ってもクォリフィケーションなどと訳してはいけません。

■日本型雇用賛美と男女平等

「はじめに」で述べたように、世界的に男女平等が進められたのは一九七〇年代から一九八〇年代です。日本もまさにその流れに乗って男女均等法を作ったのです。ところが、日本にとって最大の皮肉は、この時期が、日本社会が日本型雇用システムをひたすら自己賞賛し、メンバーシップ型の感覚が社会を覆った時代、私が「企業主義の時代」と呼ぶ時代でもあったということでした。そのため、ジョブ型社会を前提に構築されてきた欧米諸国の男女平等法制や法理を、それとはまったく逆のロジックで動いているメンバーシップ型社会にむりやり合わせる形で、ある意味でとんでもない変形を施しながら、なんとか換骨奪胎して導入しようとしてきたのです。

たとえば、欧米のどの国でも、男女平等の出発点は男女同一労働同一賃金です。ジョブ型社会の大原則である同一労働同一賃金を男女間にも適用することです。しかし、それだけでは世に存在する男女格差は解消しません。男と女が違う仕事をしているからです。そして、男のジョブは賃金が高く、女のジョブは賃金が低いことが多かったのです。そこで、違う仕事でも同じ価値の仕事には同じ賃金を支払えという同一価値労働同一賃金を求める声が上がり、ペイ・エクィティ（カナダでの言い方。賃金の衡平という意味）とかコンパラブル・ワース（アメリカでの言い方。同等の価値という意味）といった運動が展開されてきました。

これに対し、日本ではそもそも雇用も賃金もジョブとは無関係ですから、同一労働同一賃金原則が存在しません。一応労働基準法に男女同一賃金が書かれていますが、男女別々の賃金表では違法になるというだけで、年功をベースにしながら「能力」と「態度」を査定して決められる賃金に格差が生じても、直ちに違法にはならないのです。それが判っているので、日本の男女平等政策は長らく賃金格差問題には触れないように気を遣いながら進められてきました。

欧米では、男女が違う仕事についていること（性別職務分離）が格差の原因だとされ、それを何とか解消しようというのが政策の目標になってきました。男が多い職域に女性を増やすために、さまざまな優遇措置を講じたりするのがポジティブ・アクションとかアファーマティブ・アクションと呼ばれるものです。男の多い職域の典型的な例が管理監督という職種です。そう、管理職も事務職とか営業職と並ぶ一つの職種ですよ。その職種に占める女性の割合を増やすためにポジティブ・アクションをするわけです。理科系の仕事に就く女性を増やすために理科系の大学に進学する女子を増やそうというリケジョ作戦とまったく同じ発想で、管理職女性を増やすためにビジネススクールやグランゼコール（仏）に進学する女子を増やそうというわけです。

これに対し、日本の職場ではそもそも男女はあまり仕事が分かれていません。性別職務分離は欧米より少ないのです。ところがある一時点のスナップショットで見れば似たような仕事をしている男性と女性が、長期的な職業キャリアでは全然異なるコースをたどるのが普通です。人の処遇がジョブではなくコースで分かれる日本社会では、欧米のような「ジョブの平等」は意味がありません。そこで、日本の男女平等政策は、もっぱら女性も男性と同じコースに乗せてくださいね、という方向に向かいました。これに応えて設けられたのが、総合職と一般職という形の上では男女双方に開かれた「コースの平等」です。（欧米人にとって）驚いたことに、日本の男女均等法はこの区分を「職種」と呼んでいます。これまたジョブとかオキュペーションなどと訳したら絶対に通じない日本独特の概念です。

■「市場主義の時代」と非正規化

一九九〇年代半ば以降、日本社会では新自由主義（ネオ・リベラリズム）といわれる思想が優勢になり、さまざまな分野で規制緩和政策が進められました。ある種の論者に言わせると、この規制緩和が諸悪の根源で、このために古き良き日本型雇用が崩壊し、社会が不安定になってきたということになります。女性の地位向上を求めるフェミニスト女が規制緩和万歳のネオリベ野郎と結託して日本をダメにしたと言わんばかりの議論もあります。一方で、この思想のイデオローグである八代尚宏氏などに言わせると、日本型雇用こそが女性を抑圧してきた諸悪の根源なのであって、規制緩和路線は彼女らを解放するものであったということになります。

しかし、私は過去二〇年間の日本を「市場主義の時代」と呼んでいますが、その本質はそれまでの日本型雇用システムを否定することなく、むしろその中核をより純粋に少数精鋭化しながら維持しつつ、もっぱらその周辺部を狙って規制緩和をしてきたことだと考えています。つまり、中核に位置する正社員に対する雇用保障と引き替えの職務・労働時間・勤務場所が無限定の労働義務には全く手をつけず、もっぱら周辺部の非正規労働者を拡大する方向で政策が展開されてきたのです。そもそも、ジョブに基づかずに企業メンバーとして無限定な働き方をさせるなどということは、いかなる意味でも法律に書かれていることではなく、企業が慣行として確立してきたことに過ぎません。法規制を対象とする規制緩和政策では、慣行を「緩和」（？）することなどできず、むしろもともと手薄だった労働法規制をさらに緩和したことで、正社員の長時間労働やメンタルヘルスの悪化など、ますますそれまでの歪みが増幅した面があるのです。

辛うじて総合職という男性コースに入れてもらった少数派の女性たちは、専業主婦やせいぜいパート主婦が銃後で家庭を守ってくれている男性たちと同じ土俵で、仕事も時間も空間も無制限というルールの下で競争しなければなりません。結婚でもしようものなら、自分が前線も銃後も両方やらなければならないので、大変な負担です。しかしこの間、労働時間政策はもっぱら、もっと長く働けるようにしようという方向への議論ばかりで、もっと短く働ける方向への議論は弱々しく途切れがちでした。あろうことか、最長労働時間規制をなくせば仕事と育児が両立するなどという信じられないような議論が政府中枢でまかり通りました。

一方、一般職という女性コースはこの時期、企業からもはや存続の必要性が失われ、契約社員や派遣社員という形で非正規化が進行していきます。もともと高度成長期から結婚退職した中高年女性の家計補助的就労として拡大してきていたパートタイマーという「身分」の非正規労働者と混じり合って、二〇〇三年にはついに女性労働者に占める非正規労働者の割合が半分を超えました。しかし、世の中が労働の非正規化を問題視して騒ぎ出すのは、男性、それも若い男性の非正規労働者の姿が目立ち始めてからです。政府が本格的に非正規労働問題に取り組むようになったのは、女性問題として一部のフェミニストが騒いでいたからではなく、若い男性非正規労働者の問題がクローズアップされてからです。日本社会のジェンダーバイアスの強さがよくわかります。

今日の女性を取り巻く状況は、依然としてこの延長線上にあります。総合職女性はグローバル化の掛け声でますますハードワークを求められ、仕事と家庭の両立に疲れ切っています。一方、非正規女性は低処遇不安定雇用のまま、その仕事内容はかつての正社員並み、あるいはむしろそれより高い水準を求められるようになっています。男たちはワークライフバランスなんてどこの国の話だろうという面持ちです。過去二〇年の規制緩和路線は、日本型雇用を崩壊させるどころか、むしろその歪みをより増幅強化してきたように見えます。

それで女性の活躍推進ですって!?

そこで本書では、日本型雇用システムの形成、確立、変容の過程を歴史的にたどりながら、働く女性の歩みを見ていきたいと思います。単に女性に着目した女性労働史ではなく、むしろ日本型雇用の歴史そのものが女性のありようの変化を物語るというのが目標です。

第1章　女子という身分

1　会社にとって女子とは？

■戦前――社員はお断り

さて、日本型雇用システムの全体像を描き出した学問的労作の中で、現在までのところもっとも優れた作品と私が考えているのは、野村正實氏の『日本的雇用慣行―全体像構築の試み』（ミネルヴァ書房）です。四五〇ページに及ぶこの本は、とりわけこれまできちんと分析の対象とされてこなかった女性を日本型雇用システムの中に的確に位置づけた点で類書がありません。もちろん女性労働に関する論文や著作は山のようにありますが、それらはすべて男性を一般理論とした特殊理論でした。同書は、戦前と戦後の企業において、男性と女性がそれぞれどのように位置づけられていたかを、次のような図（図表1、図表2）によって見事に説明したのです。

図表1は戦前の会社身分制です。会社身分制は学歴による社員、準社員、工員、組夫（労務請負業者から派遣される労働者）という身分からなりますが、女性は社員や準社員になることはできませんでした。まず大企業は高等教育を受けた女性を採用しませんでした。

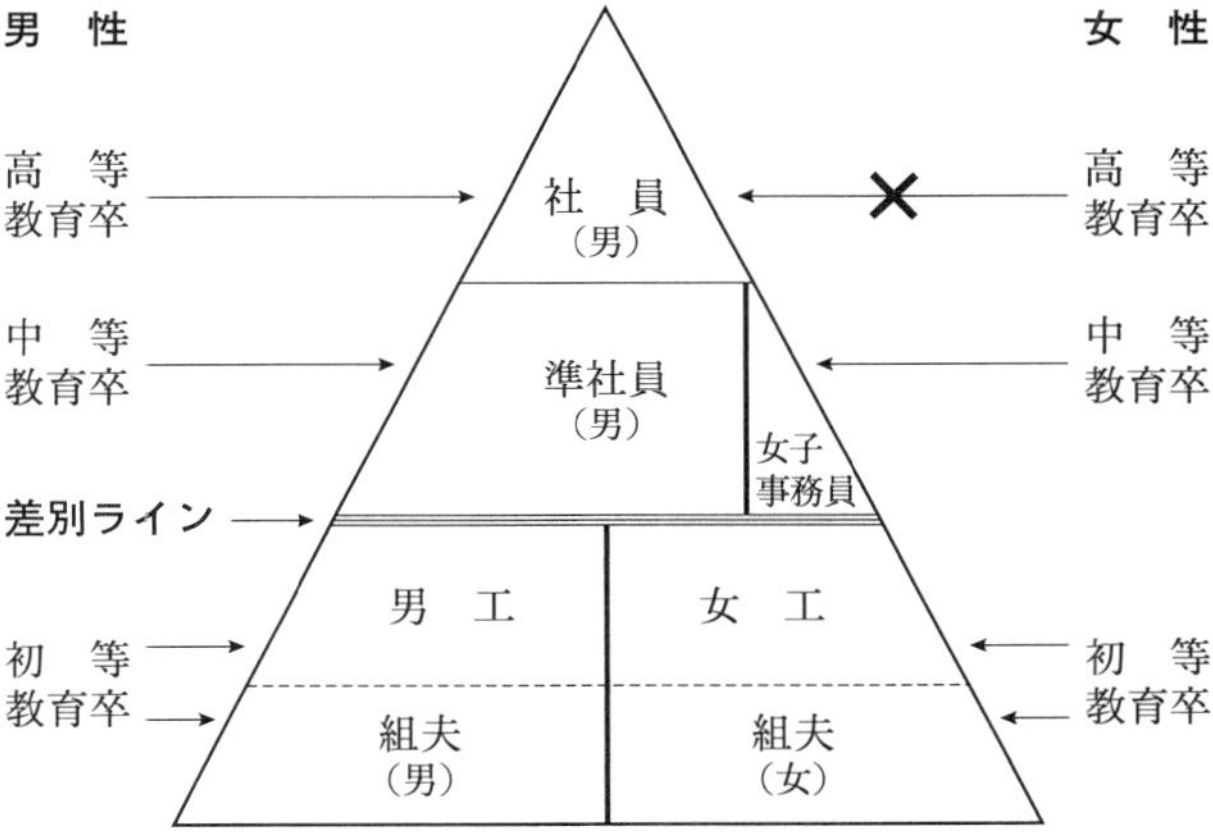

図表1　戦前の会社身分制

会社幹部とその候補者が男性であることは自明のことでした。それに対して、中等教育を受けた女性は事務員として採用されています。しかし、中等教育卒の男性は準社員として長期勤続が通例でしたが、女性は女事務員として短期勤続であり、会社の構成員とは見なされませんでした。

働く女性の圧倒的多数は初等教育卒の女工であり、しかも労働力に占める女性の割合はおよそ半分と、他の先進国よりも遥かに高い水準でした。しかし彼女らの多くは農家からの出稼ぎ労働力であり、勤続年数は極めて短いものでした。

図表2　戦後の経営秩序

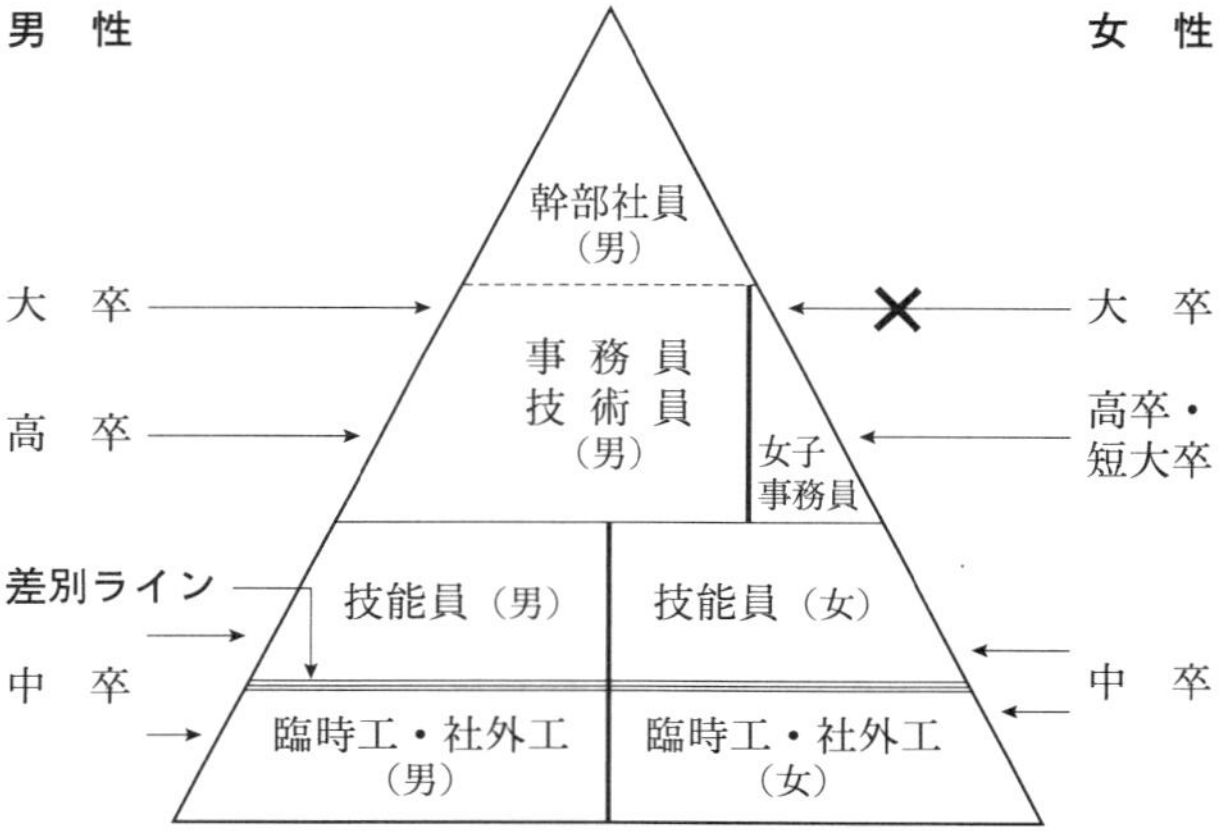

■戦後——やはり「女の子」扱い

戦前の会社身分制において、差別ラインは準社員と工員の間にありましたが、戦後の経営民主化闘争の中で、工員の待遇を社員、準社員と同じようにすることが要求され（工職身分差別撤廃闘争）、両者間の目に見える差別は撤廃されました。かつての社員、準社員は事務員、技術員と呼ばれ、かつての職工、工員は技能員と呼ばれ、これら正規従業員全体を社員と呼ぶようになったのです。また戦前、社員と準社員の間にあった実線は、戦後の幹部社員と事務員、技術員の間では点線になっています。大卒も、将来幹部社員となることが期待されるとはいえ、まずは事務員、技術員として採用されるという形で平等化したのです。もっとも、差別がなくなったわけではなく、かつての組夫は社外工や臨時工として社員の下に位置づけられました。図表2に示すように、差別線が下方に移動したのです。

問題は、この戦後経営秩序における女性の位置づけです。戦前と同じように、男性の事務員、技術員と女子事務員の間には太い縦線が引かれています。そして、大卒の女性から経営秩序への矢印には×印がつけられています。そう、特定の専門職を除けば、大卒女子を将来の幹部社員候補として採用する大企業はほとんどなかったのです。ただし、戦後作られた二年制の短期大学が、高校と並んで、女子事務員の供給機関として急速に拡大しました。しかし、彼女ら女子事務員は戦前と同様、あくまでも短期勤続が前提で、会社の正式メンバーとは見なされませんでした。結婚退職までの「女の子」という意味では高卒も短大卒も変わりはなく、「女の子」に留まらない恐れのある四年制大卒女子はそもそも事務職採用の対象ではありませんでした。下手に四年制大学なんかに行くとまともな会社に就職できなくなるというのが世間の常識で、それゆえかつては「短大は就職に強い」というキャッチフレーズが使われたのです。なお、この「戦後」の経営秩序が大きく変化するのは、第4章で見るように、一九九〇年代半ば以降です。

2　女工の時代

■『富岡日記』から『女工哀史』へ

明治期から大正期にかけて、日本の労働者の過半は繊維工業の女工でした。その出発点に位置するのが、一八七二年に開業した官営富岡製糸場です。当時の女工たちは誇り高い士族の子女で、十代半ばの若さながら、その賃金は校長並みで、食事や住居など福利厚生も手厚く、まさにエリート女工でした。その一人であった松代区長の娘横田（和田）英氏の『富岡日記』（ちくま文庫）には、その誇りがよく出ています。

一同用意もととのいまして、いよいよ近日出立と申すことになりました時、父が私を呼びまして、「さてこの度国の為にその方を富岡御製糸場へ遣わすに付ては、能《よ》く身を慎み、国の名家の名を落さぬように心を用うるよう、入場後は諸事心を尽して習い、他日この地に製糸場出来《しゆつたい》の節差支えこれ無きよう覚え候よう、仮初《かりそめ》にも業を怠るようのことなすまじく、一心にはげみまするよう気を付くべく」

と申渡しました。

　母はこのように申しました。

「この度お前を遠方へ手放して遣わすからには、常々の教えを能く守らねばならぬ。また男子方も沢山に居られるだろうから、万一身を持ちくずすようなことがあっては、第一御先祖様へ対して申訳がない。また父上や私の名を汚してはなりませぬ」

と申しましたから、私はこのように申しました。

「母上様、決して御心配下さいますな。たとい男千人の中へ私一人入れられましても、手込めに逢えばいざしらず、心さえたしかに持ち居りますれば、身を汚し御両親のお顔にさわるようなことは決して致しませぬ」


　やがて日本各地に彼女らを教婦として民間の製糸工場が続々と開かれていきますが、なお女工は良家の子女であり、通勤女工が主で、地域のエリートとして誇りを持って働いていたのです。ところが製糸工業が急激に発展し労働力需要が激増するとともに、一八七〇年代末には女工の出身は主として農村や都市の貧しい平民層に移行し、生家の家計を助けるために口減らしとして労働力を売る出稼ぎ女工が主になりました。

一方、近代的な紡績工場も幕末から操業が始まり、初期には士族の子女が紋付きを着て工場の門を出入りするような状態でしたが、やはり業種の急拡大とともに農村や都市の貧民層が主たる労働供給源となっていき、それとともに遠方から募集した女工を寄宿舎に収容するのが一般的になっていきました。

当時の企業にとって最大の問題は女工の募集難でした。そのために悪辣な募集人を使い、おいしいものが食べられる、きれいな着物が着られるなどと言葉巧みに十代の少女を誘惑して工場に連れてくるといったやり方が横行し、時には誘拐という手段も用いられました。その実情は、農商務省商工局の『職工事情』（岩波文庫）に生々しく描かれています。

各地方の紹介人は職工となるべき相当の婦女につき勧誘をなすなり。この勧誘をなすについて職工生活の快楽をのみ説明し、毫《ごう》もその疾苦の状に及ばざるを常とす。……地方細民の婦女はこれがために心を動かされ、この勧誘に応じ試みに入場することとなる。……

この募集法によって傭《やと》い入れたる工女が工場に入って工場生活をなすや、各種の事情は全く予期する処の如くならず、その疾苦堪ゆべからざるものあるに及んで、始めて紹介人の欺瞞を覚《さと》り、これを以て工場主に訴うるもこれを顧みず、紹介人に迫らんとするも、彼ら已《すで》に郷里に帰れり。……ここにおいてか意志の弱き者は涙を呑んで契約期間は工場に止《とど》まることとなり、やや強硬なる者は逃亡を企つるに至るなり。

このような弊害に対処するため、この頃から都道府県レベルで募集人の取締りが行われるようになりました。これは後に国レベルの規制に格上げされます。一方、工場の中の労働条件も、富岡時代とはうってかわって長時間深夜労働と低賃金に彩られていきます。高価な機械を使うことから昼夜フル操業が要請され、そのために昼夜交替制の一二時間労働で、休憩時間は食事時間一五分ずつといった有様でした。女工たちは家計補助のための就労ということで、女工一人の生活を維持する程度の低賃金でしたし、工場や寄宿舎は不衛生で、多くの女工が結核等に感染し、死亡するものも多かったようです。こういう状況に対して女工たちがとったのは逃亡という手段でしたが、これに対しても企業側は、逃走を図ったといった理由で、殴打、監禁、裸体引き回しといった懲罰を加えていました。

また幼者が夜業に際し睡魔に襲われ執業を怠りたる場合に双手に水桶《みずおけ》を引提《ひっさ》げ佇立

せしめ、あるいは寄宿職工が逃走を企て、もしくは監督者の督責を受くるも出場を肯《がえ》んぜざる場合、……これを殴打し、あるいは裸体として工場内を引き廻す等苛酷《かこく》なる方法を以て懲罰を加うるものあるが如し。

政府は主としてこの女工の労働条件改善対策として、工場法の制定を図ります。繊維産業界の猛烈な反対の中で立案から三〇年かかりましたが、同法は一九一一年に制定され、一九一六年から施行されました。

一方、企業側もいつまでもこのような原生的労働関係に安住せず、募集よりも保護・育成に力を注いで、女工の定着を図る施策を講ずるところが出てきます。鐘ヶ淵紡績（鐘紡）は、女工に対する福利厚生の手厚いことで有名です。特に寄宿舎に教育係を置き、国語算数に加え裁縫などを教えました。

なお、有名な『女工哀史』（岩波文庫）は、東京モスリンの職工だった細井和喜蔵氏が一九二五年に書いたもので、『職工事情』に見られるような原生的労働関係が経験に基づいて描写されているとともに、上記のような温情主義施設に対する社会主義的立場からの批判も見られます。しかし、この頃にはかつてのような悪辣な募集と逃亡のいたちごっこは影を潜め、特定地域からの固定的な採用と結婚退職までの定着化が進んでいました。また教育内容は花嫁修業化していきます。

ところで、世の中にはエリート女工時代の『富岡日記』を読みかじって、『職工事情』に描かれた凄惨な状況を虚構だと思い込む単細胞な人々もいるようです。そういう方々には、日本の労働史を一から勉強してもらった方がいいかも知れません。

■渋沢栄一も「絶対に反対」の工場法

日本の労働法の出発点である工場法は、上記のような女工たちの過酷な労働条件を改善することが主な目的でした。とりわけ、過長な労働時間が職工の疲労や結核を中心とする疾病の原因となり、次代を担う年少者や女子の健康が害されていくことに問題意識がありました。しかしその制定の道筋はなめらかではありませんでした。一八八二年に担当の農商務省が工務局に調査課を設けてから、何度も法案を作成しては業界の猛烈な反対で潰れるということが繰り返されました。当時、有名な渋沢栄一氏も「唯一偏ノ道理ニ拠ツテ欧州ノ丸写シノヤウナモノヲ設ケラルルト云フコトハ絶対ニ反対ヲ申シ上ゲタイ」などと反対意見を主張しています。一九一一年に議会で成立に至ってもなお大蔵省の反対で施行できず、ようやく一九一六年、社会政策の実行を掲げた大隈内閣によって、シーメンス事件（政界を揺るがした疑獄事件）の余波で生じた剰余金を使って施行にこぎ着けたのです。

この立法プロセスの中で、現在の経済産業省に相当する農商務省商工局が全国の工場や職工の詳細な実態調査を行い取りまとめたのが、上記『職工事情』です。岩波文庫で全三冊、一三〇〇ページ以上に及ぶ大著ですが、二〇世紀初頭の労働実態を冷静かつ客観的に描き出しています。

この工場法（一九一一年）では、職工一五人以上の工場を対象に、女子と一五歳未満の児童について、就業時間（休憩を含む拘束時間）を一日一二時間に制限し、午後一〇時から午前四時までの深夜業を禁止するとともに、月二回の休日などが定められました。しかしながら、使用者側の反対のため、施行が一九一六年まで延期された上、法施行後一五年間という長期間にわたって就業時間は一日一四時間、交替制による場合は深夜業は可能とされました。

第三条　工業主ハ十五歳未満ノ者及女子ヲシテ一日ニ付十二時間ヲ超エテ就業セシムルコトヲ得ス

第四条　工業主ハ十五歳未満ノ者及女子ヲシテ午後十時ヨリ午前四時ニ至ル間ニ於テ就業セシムルコトヲ得ス

その後、農商務省が労働組合問題に消極的だったため内務省が引き取って新設された内務省社会局（衛生局と併せてほぼ現在の厚生労働省に相当）が一九二三年、古巣の農商務省の反対を押し切って工場法の改正を行い、一〇人以上の工場に対象を拡大し、女子と一六歳未満の児童の一日の就業時間を一二時間から一一時間へと一時間短縮し、深夜業の禁止は午後一〇時から午前五時まで（ただし交替制の場合は一九二九年六月まで適用せず）と改正され、三年後の一九二六年から施行されました。

■女監督官第一号

工場法の施行が決まり、農商務省は一九一五年商工局に工場課を設置、本省に工場監督官（奏任官）四名、工場監督官補（判任官）五名を置きました。さらに翌年には各府県警察部に工場監督官及び工場監督官補一九九名を置き、計二〇八名で工場監督制度を開始しました。

さて、工場監督官（補）に女性はいたでしょうか？　戦前の官吏制度を知っている人は、そんなのいるわけないと思うでしょう。でも実は、たった一人ですが、いたのです。日本初の婦人工場監督官補、谷野《たにの》せつ氏です。彼女を採用したのは、社会政策を所管する新たな官庁たる内務省社会局でした。

彼女は日本女子大学社会事業学部女工保全科を卒業した一九二六年、内務省社会局に雇員として就職し、庶務課秘書室で長官付き秘書の仕事をしながら、監督課長などから関係書類を山のように持ち込まれて特訓を受け、一九二八年工場監督官補に任用されました。彼女は社会局労働部監督課で、各県の行った労働実態調査結果を取りまとめる仕事に携わりましたが、もう一つの役割は海外向けに、日本にも婦人監督官が立派に存在している証拠となることでした。当時の同僚は「日本は当時所謂一等国でした。しかし……女の役人は一人もいないじゃないかと非難し、皮肉るような空気があったが、我等はこの谷野さんを一枚看板にして体裁を繕っていたという次第です」と語っています。

一九三五年からは警視庁保安部工場課に移り、連日工場廻り、つまり臨検して歩きました。ダンダリン第一号というわけです（「ダンダリン」とは女性労働基準監督官を主人公とするマンガ、テレビドラマの題名）。着物に袴、白足袋に草履、夏は日傘を差して真っ黒に日焼けして歩き回りました。けんもほろろの扱いだったり、一時間以上も何の応対もなく待たされたりしながら、委細意に介せず、ひたすら工場の実情を見てまわったそうです。

一九三九年には厚生省労働局監督課に移り、一九四一年からは労務官補として、勤労動員や女子挺身隊の投入などによる女子勤労管理に携わりました。戦後、一九四七年に労働省が設置された時には初代婦人労働課長に就任し、一九五五年から一九六五年まで一〇年間、婦人少年局長を務めました。なお晩年の谷野せつ氏の姿は、エッセイスト岸本葉子氏の『やっと居場所がみつかった』（文春文庫）に描かれています。


谷野さんを住まいに訪ねたことがある。古い一軒家だった。

「台所が私の書斎です。結婚して以来、ずっとそう」

この歳のご婦人の口から「書斎」という語が出ると、谷野さんを知らない人は、（おおっ？）と思うかもしれない。が、谷野さんは、人生のうちの長い時間を、この書斎兼台所で過ごしてきた。

3　女事務員の登場

■職業婦人の進出

ホワイトカラー職員の世界では、明治期から女性が徐々に進出していましたが、第一次大戦後大きく増加し、職業婦人と呼ばれて注目されました。彼女らは出身階層も高く、学歴も高等女学校卒業が多く、職工よりも高く位置づけられていました。

戦後のBG、OLに連なる女事務員の第一号は、一八九四年の龍ケ崎町役場と三井銀行大阪支店だそうです。その後、官庁、銀行、会社、郵便局、商店などに普及し、男性に引けを取らない仕事ぶりを示しました。これは男性陣にとって脅威に感じられたようで、一九二八年に『サラリマン物語』（東洋経済出版部）で「サラリーマン」の呼称を世に広め一世を風靡した前田一氏は、翌一九二九年の『職業婦人物語』（東洋経済出版部）で、こう悲鳴を上げています。

男性の就職地獄は年とともに深刻になつてゆく。……

職業婦人！　さうだ！　職業婦人の進出が、不知不識の間に男性の就職分野を狭めつつある事実を、誰れが否定出来やう。嘗ては女人禁制の神域と思はれてゐた職業の分野すらも、ぢり〳〵と女性の侵蝕を蒙つて居る。

ちなみに前田一氏は戦後日本経営者団体連盟（日経連）の専務理事を務めた人物です。

■なぜ女子の待遇が低いのか？

この頃既に、なぜ女子労働者の待遇が低いのかという問題意識が政府の担当者によって抱かれていました。一九三二年、社会局監督課長の北岡壽逸氏は、「然らば何が故に婦人労働者の賃銀は斯く安いのでありませうか」と問い、「是を経済的に説明することは困難であります」「其重要な理由を一般社会の慣習に帰せなければなりませぬ」と論じています。

即ち男子労働者の賃銀は自己及家族の生活を支持すべきものでありますが、婦人労働者の賃銀は家計を補助するにすぎないものと一般世間が考へ、婦人労働者自身もそんなものと考へて居る事が婦人労働者低賃銀の最大の理由であります。

本書でこの後深く突っ込んで検討していくいわゆる家族賃金論の問題が、八〇年前のこの時点で政府当局者によって指摘されていたことは記憶にとどめておく値打ちがあるでしょう。

■女子若年定年制の始まり

もう一つ、戦後女子労働問題の焦点となっていく結婚退職制、女子若年定年制も、一九三〇年代に銀行や大企業を中心に導入されています。金野美奈子氏の『ＯＬの創造』（勁草書房）によると、当時「女子就職戦線のあこがれの的」であった日本勧業銀行が一九三九年に女性事務職の二八歳定年制を導入しました。その代わり、「今迄の様に、自分の都合で会社を辞めるときには、一定額の二分の一、もしくは三分の二だけしか貰えなかった退職資金も、この停年に辞めさせるかはりに、勤続年限に比例して、一定の金額を給与する」こととしたのです。銀行側の弁は「婚期を逸することがないようにするため」だったそうです。

退職積立金及退職手当法（一九三六年）は退職手当の支給を義務化しましたが、その際、

「女子労働者が結婚するとき」は労働者が退職を申し出た場合であっても自己都合退職とはしないこととされました。これは結婚退職制を規範として認めたものですが、興味深いのは経営者側が「退職奨励になる」と反対しているのに対し、全日本労働総同盟婦人部をはじめとする女性側が「家族制度の維持」を理由に賛成していることです。女性の主たるメンバーシップは家庭にあるという意識は女性の間でも強いものがありました。

4　女子挺身隊と労組婦人部

■「むしろ女子を徴用せよ」

戦時体制に向かうにつれ、日本の産業は重化学工業にシフトしていき、これに伴い労働者の性別構成もそれまでの女性が多数を占める状態から男性が多数を占めるようになりました。しかし、戦争が進行するにつれ多くの成人男性が兵士として戦場に送り込まれるようになり、これを補うために女性の職場進出が国策として推進されるようになりました。

一九三九年から国家総動員法に基づき毎年労務動員計画が策定実施されましたが、そこでは新規労務給源として未婚の女性が挙げられ、女学校、女子青年団その他の婦人団体と協力して女子就労希望者を開拓し、労力資源の確保に努めることとされています。一九四一年の国民勤労報国協力令は、一四歳〜三九歳の男子とともに、一四歳〜二四歳の未婚の女子についても国民勤労報国隊に参加し、一年三〇日以内の総動員業務への協力を義務づけました。

労務動員計画は一九四二年から国民動員計画と改称され、その中で「わが国の家庭制度や女子の特性を勘案しつつ」女子の勤労動員を進めるべきこととし、特に「書記的または軽易な業務等、女子で代替するのが適当なものについては男子の就業を禁止または制限」することとしています。これを法制化したのが労務調整令改正（一九四三年）で、一定業務における男子の就業が禁止制限されました。対象は事務補助者、現金出納係、店員売子、外交員、集金人、出改札係、車掌など一七職種です。これにより、ホワイトカラー職場への女性の進出が加速されました。こうなると女子若年定年を維持していられなくなり、一九四四年には住友銀行が女子事務員の定年を三〇歳から男子と同じ五五歳に引き上げています。

戦局が進行すると、女子勤労動員はさらにブルーカラー職場にまで拡大されました。女子勤労動員の促進に関する件（一九四三年）は、一四歳以上の未婚の女子を対象に、女子勤労挺身隊を結成させ、航空機工場をはじめとする作業場への自主的な出動を図りました。翌一九四四年には女子挺身隊への加入が強制化され、女子挺身勤労令が制定されたのです。これまで女性がほとんどいなかった職場に大量の女性が送り込まれてくるわけですから、政府は女子挺身隊受入側措置要綱を策定して受入態勢の整備を図りました。

当時、厚生省の武井群嗣次官は、「父母は息子を兵隊として捧げるやうに、誇りをもつて娘さんを生産戦線に送つていたゞくやう……働かぬ娘ははづかしくて家にをられぬくらゐまで滲透徹底させたい」と語り、また勤労局管理課長の三川克巳氏は、「勤労の体験が名実ともに日本女性たるの資質を高め、花嫁たるの資格を獲得するために、必ず通るべき関門であるといふところ迄持ち来さなければならない」と述べ、それまで蔑視されてきた女子労働を国家への奉仕として尊厳化しようとしました。

こうした「国民皆労」のイデオロギーに寄り添う形で、戦前婦人参政権運動で活躍した市川房枝氏、山高しげり氏なども当時、大政翼賛会で「むしろ女子を徴用せよ（躊躇はご無用、未婚女子は待っている、徴用制のいい処）」と、女子労務動員を積極的に求めました。『赤毛のアン』の翻訳で有名な村岡花子氏もその一人です。逆に東条英機首相は、女子を「勤労部面に駆り立てる事は家族制度の破壊」だと消極的だったようです。これに対し、市川氏らは「徴用で勤労……に出るのは家族制度を破壊するが、自発的に出るのは破壊しないという論理が立つのでしょうか。婦人の勤労については、政府自身もっとはっきりした婦人の勤労観をもってほしい。……政府初め社会の各層の殆どすべての男子の人達の婦人に対する考え方が、封建時代の思想から一歩も出ていない事を遺憾にも歯がゆくも思われてなりません」と反発しています（佐藤千登勢氏『軍需産業と女性労働』彩流社）。戦時フェミニズムの面目躍如といったところです。

こういった戦時女子労務動員は終戦時には三〇〇万人に達し、この時期の就労経験が戦後の女性の意識に何らかの影響を及ぼしていると思われます。

■若い女工たちの人権争議

戦後の労働モデルは戦時体制下で作られたシステムを再確立した面が強いのですが、女性労働のモデルについては話はやや複雑です。戦時下の長期雇用システムや年齢に応じた生活給の論理は、女性を家庭のメンバーシップ中心に考えるものであったからです。実際、戦後の急進的な労働運動は、次章で詳しく述べる電産型賃金体系に見られるように、本人の年齢と扶養家族数に応じて生活保障給を定めるという方向に進み、同一労働同一賃金原則に対しては極めて否定的な姿勢をとっていきます。

しかし、戦時中の女性の職場進出の影響は大きく、多くの労働組合には婦人部が作られ、活発に活動しました。当時の女性労働モデルは、戦前と同様に基本的には結婚までの若年短期就労型であったと思われますが、戦争未亡人も数多く、既婚女性の就労も多く見られました。終戦直後の政府は復員者の失業対策として「現在就職セル女子等ヲ家庭復帰セシメ」るという政策をとり、国鉄では女子を中心として人員整理が進められました。労組婦人部は解雇反対闘争に取り組みましたが、女子労働者は激減しました。さらに一九四八年には、共産党系の産別会議では青年部や婦人部が急進的な行動部隊として活動していたため、ＧＨＱの指導で政府は青年部や婦人部の解体を指示するに及びました。

しかし一方、女性中心の労働運動が勝利を収めた数少ない争議として、やや後の一九五四年に起こった近江絹糸の人権争議があります。いや正確に言えば、戦後日本の労働争議で労働側が勝った事例自体がないに等しい中で、労働組合側が全面勝利を収めたほとんど唯一の事例がこの争議なのです。

同社は従業員一万四〇〇〇人の大企業とはいいながら、夏川嘉久次社長の独裁体制で、賃金や労働時間が劣悪なだけではなく、職場でも宿舎でも仏教を強制され、週に一回は夏川家の仏間で法話を聞かされ、宿舎では信書を無断で開封され、週に一度は抜き打ちで私物の検査が行われたそうです。何回か失敗した後、従業員たちは全織同盟の下に組合を結成し、「結婚の自由」「外出の自由」「仏教の強制絶対反対」「信書の開封、私物検査の即時撤廃」「文化活動の自由」「拘束八時間制の実施」「有給休暇、生理休暇の完全実施」など二二項目を掲げて団交を申し入れ、拒否されるとストに突入、三ヶ月にわたる闘争の結果、労働側の全面勝利で決着したのです。

ちなみにこのとき、全織同盟は『現代女工哀史—近江絹糸の労務管理をつく』というパンフレットを刊行していますが、かつて『女工哀史』で細井和喜蔵氏が「幼稚」「惰眠」と嘆いた若い繊維女工たちが、スト破りの暴力団をピケ（労働争議の際、組合員が事業所の入口を固めてスト破りを見張ること）で退散させるまでに労働者として成長していたことが判ります。

■婦人少年局と労働基準法

労働分野に限らず、女性の地位向上は民主化の一環として占領軍の重要な政策課題であり、このため一九四七年に新設された労働省には婦人少年局が設置され、その局長には戦前社会主義者として活躍した山川菊栄氏が就任しました。同局は女性の地位向上に向けてさまざまな周知啓発活動を行いました。

法制面では、労働基準法（一九四七年）によりホワイトカラー職場の女性労働者にも労働時間等の保護規定が適用されるようになりました。

第六十一条　使用者は、満十八才以上の女子については、第三十六条の協定による場合においても、一日について二時間、一週間について六時間、一年について百五十時間を超えて時間外労働をさせ、又は休日に労働をさせてはならない。

第六十二条　使用者は、満十八才に満たない者又は女子を午後十時から午前五時までの間において、使用してはならない。

労働時間法制としては、労働基準法によって成人男子にも一日八時間、週四八時間という労働時間の上限が設定されたはずですが、第三六条の労使協定により無制限の時間外・休日労働が認められたため、事実上は無制限に働かせることができる男性とそうはいかない女性という差別の根拠が維持されてしまったということもできます。

このときに労働基準法が設けた生理休暇は、世界に類を見ない規定ですが、戦時中の女子挺身隊の受入時に実施されたことを背景に、戦後労働運動の高揚の中で生理休暇要求とその獲得が進み、行政内部でも谷野せつ氏が強く訴えたことから、実現に至ったといわれています（田口亜紗氏『生理休暇の誕生』青弓社）。

第六十七条　使用者は、生理日の就業が著しく困難な女子又は生理に有害な業務に従事する女子が生理休暇を請求したときは、その者を就業させてはならない。

5　ビジネス・ガールとオフィス・レディ

■結婚退職誓約書

本章冒頭で示したとおり、戦前と戦後を貫く女性労働の特色は短期勤続という点にありますが、戦時下の女子勤労動員と終戦直後の労働運動によって、一九五〇年前後にはかなりの数の女性労働者が職場に残っていました。一九五〇年代は彼女らが経営側のイニシアティブによって次第に排除され、女性労働が結婚までの短期的メンバーシップとして純粋化していく時代です。

その姿をトヨタ自動車という個別企業の人事データを元に描き出したのが、辻勝次氏の『トヨタ人事方式の戦後史』（ミネルヴァ書房）所収の「企業社会と女子社員」です。同書によると、一九五〇年の争議時にかなりの女子を排出した後、一時は足止め策を講じたものの、一九五七年には結婚退職慣行が確立します。すなわち、入社時に結婚退職誓約書を提出させるとともに、女子結婚退職特別餞別金制度が設けられ、以後事務系女子の平均年齢は二〇歳前後と極めて若年短期型になり、定年に到達する女性は毎年数人ずつという状況が続きます。

トヨタは就業規則や労働協約で結婚退職制や女子若年定年制を規定することはありませんでしたが、中には堂々と規定する企業もあり、そういう企業の中から次節で紹介する訴訟の舞台がいくつか登場してくることになります。

■「一人の娘さんをあずかった」

この時期、一九四九年に新制挙母《ころも》高校を卒業してトヨタ自動車に高卒女子事務員として勤務し、一九五九年に『職場の群像』（中央公論社）で争議を含む職場の姿をビビッドに描き出したのが、後に保守派のノンフィクション作家として有名になる上坂冬子氏でした。

闘争がはげしくなった頃、会社側からいくつかのいやがらせがありました。例えば朝三十分前に来て掃除をしていない女子はブラックリストにのせられるらしいとの噂でもちきりになり、誰からともなく早出する習慣になったのですけれども、私は平然として毎日始業一、二分前に出勤し、みんなの着席している中で少しも悪びれずに一人で掃除をしました。けれどもその半面、私は組合側のストライキも実に平然とサボりました。……ピケはきびしく見張っていたし、いい加減な理由では帰して貰えそうになかったので、ついに私は塀をのりこえて一目散に家に走りましたが、後めたさは殆ど湧かず、巻き込まれて疲れ過ぎるのを免れた安心を感じただけでした。

彼女はその後、『BG学ノート』（共著、三一新書）、『私のBG論』（三一新書）、『私はBG』（共著、青木書店）、『若いBGの生き方』（三一新書）といったBG本を続々と出版し、女流評論家として活躍していきます。この「BG」という言葉は、ビジネス・ガールの頭文字を取った和製英語で、一九五〇年代末から一九六〇年代にかけて、短期勤続の女子事務員を指す言葉として流行しました。今どきまったく通じない化石時代の言葉ですが、それだけに当時確立しつつあった雇用慣行をリアルに伝えてくれる言葉でもあります。『BG学ノート』に引用されている企業人の言葉は、当時のBG観を何のてらいもなくあからさまに示しています。たとえば、上坂氏と『婦人公論』で対談した日経連専務理事の前田一氏は、こう述べています。

会社は女子に対して人格形成という意味の教育を施こしている。女子事務員もそこをわきまえてもらい修養のつもりでつとめてほしい。会社は女子社員を労働力として雇ったというほかに、一人の娘さんをあずかったということも企業家の責任として考えています。

某銀行の女子行員の入行式で、人事担当重役はこう語ったそうです。

何年か経ってここにいらっしゃるお嬢さんがたが、めでたく御嫁入りの日には、銀行としては、心から前途をお祝いして、御退行ねがうということを今からお約束しておきます。

この上坂氏がBGから文筆家になった理由を『若い女性への手紙』（ダイヤモンド社）でこう語っています。

はっきりいいましょう。私は損な時代に損な会社に勤めていたのです。私たちが、会社に勤めているころ、女子社員は「職場の花」といわれるのが常識でした。なかには口の悪い人がいて、「いや花なんてもんじゃないハナクソだよ」なんていっていたくらいです。花は枯れたら生けかえるべし。毎年四月には新しい芽が入社してくるといわんばかりに、女子社員は、二十五歳をすぎると、はっきり冷遇されたものです。たとえば入社三年目くらいまでは給料も順調に上がります。

が、従業員千人以下の企業では二十五～二十九歳の女性の月給は少しも上がらなくなり、それどころが《ママ》三十五歳をすぎると若いころより減ってしまうのです。おまけに何年勤めても会社の中でたいせつな役割をもらえるわけではなし、大学を出てきたというだけの理由で入社後三年目に主任になった男性の下で、勤続十五年の、ベテラン

ＢＧが、だまって働かなければならないなんていう例はあたりまえでした。一般に、日本の会社の大部分が女はトシをとればとるほど、ソンをするようにできており、職場に何年いてもバカをみるばかりだというぐあいになっていたのです。私は、三十すぎた先輩ＢＧたちがなにもかもおもしろくないといった顔つきをしている様子をみるから、どうせ会社に長く勤めていてもちっともいいことはない、なんとか別の道にすすんでみよう、もし失敗したら、失敗したときだわ、そのときは一人で野たれ死にしたってしかたがない、歩けるだけ歩いてみようと、こんな不景気な決心をつけてささやかな文筆業にフミ切ったのです。

■ＢＧ扱いに反発した女性

このＢＧ華やかな時代に、東大経済学部を卒業して電電公社（現ＮＴＴ）に入社した影山裕子氏は、一九六八年の著書『女性の能力開発』（日本経営出版会）で、自分のＢＧ扱いされた経験をこう語っています。

実は、私も電電公社で十年ほど前大変みじめな経験を数々させられた。……係長は私にだけはこの仕事をやらせてくれないし、出張もさせてくれない。電話の取次ぎと、文書の清書と統計報告ものの集計作業など、典型的ＢＧタイプの仕事しか割り当ててくれないので、たまりかねて「私にも現場指導にいかせて下さい」と頼んだところが、……最後に「関東通信局では、女子は出張させないことになっており予算にも積算していない。要するにキミは女だから出張させるわけにはいかない。女を一人出張させれば、局内の他の女子職員も同じように出張させなければならなくなるのでいままでの慣例がこわれる。気の毒だが我慢してくれ」という返事が返ってきた。本人にいかにやる気があろうが、業務知識があろうが、腰かけでなく一生勤めるつもりでいようが、そんなことはおかまいなく、女子に対してはこういう取扱いをするんだというルール（明文化されていると否とにかかわらず）があって、それからは一歩も踏み出すことは許されない。……どうせ私なんか女だから駄目なんだと思いつめてやる気をなくして、職業意識の乏しいＢＧになってもよかったわけである。

彼女はその後日本では珍しい女性管理職の道を歩んでいきますが、当時同じように例外的に採用された四年制大学卒の女性たちの中には、意欲をなくしてＢＧ化していった人も多かったのではないでしょうか。

ちなみにこの影山氏は、一九六四年に書いた『奥様のアルバイト』（カッパ・ブックス）の冒頭でこういうエピソードを披露しています。世間ではこういう意識が一般的な時代であったということです。


私は、いまから五年まえ、昭和三十四年に離婚した。その原因は、夫が私のアメリカ留学に反対し、会社をやめるように主張したからであった。留学の希望については、結婚まえからじゅうぶん話してあった。夫はすすんで協力すると言っており、結婚後も、将来ずっと社会に出て活動したいという私の希望にも、賛成し、じゅうぶん理解してくれ、むしろ、私を励ましてくれていた。

しかし、じっさいの問題にぶち当たったとき、封建的な考え方でしか行動できない相手を発見して、私は、おおいに悩んだ。女であり、妻であり、母である以前に、一人の人間として社会に出て働きたい、ということは、私の小さいときからの希望であった。信州の山の中からとび出してきて、東京大学にはいったのも、その希望をつらぬきたかったからだ。

■BGからOLへ

さて、よほどの高齢者でなければ今どき「BG」なんて言葉を知っている人はいないでしょう。それは、ある時期に意識的にこの言葉の使用が中止され、「OL」という別の言葉に置き換わったからなのです。その経緯を、小笠原祐子氏の『OLたちの〈レジスタンス〉』(中公新書)やネット上の百科事典Wikipediaに基づいてみておきましょう。

上述のように六〇年代初頭には、結婚退職前提の若い女子事務員の呼称として「BG」が一般的でした。ところが東京オリンピックを翌年に控えた一九六三年に、BGとは英語で売春婦を意味するという噂が広まったため、NHKは同年九月にこの言葉の使用を止めたのです。このとき、週刊誌『女性自身』が「東京オリンピックで来日する外国人の誤解を防ぐため」この単語を使わないようにすることを提案し、代替語の誌上公募を行った結果、一一月には候補の中から「OL」を選出したと発表しました。こちらもまた、オフィス・レディの頭文字をとった和製英語です。

こうして確立した「OL」という言葉は、幹部社員に昇進していくことが前提の男性事務職員とは全く別の身分としての「女子事務員」を指す言葉ですから、どうひっくり返っても英語に訳せません。「花の」という形容詞付きで語られることも多く、文字通り「職場の花」と見なされていたのでしょう。

もう一つ、BG〜OLモデル華やかなりしころの職場慣習として、女子事務員のみに制服の着用を義務づけられていたことがあります。もっとも、男性はみな背広にネクタイという社会的制服を課せられていたので、女性だけ服装を自由にするわけにはいかないという理由もあったのでしょう。深読みすれば、「一人の娘さんをあずかった」という意識から、女子生徒と同じ扱いで制服を着せていたのかもしれません。

6　女子は若いのに限る

■結婚退職制の壁

結婚退職までの短期的メンバーシップで働く女性正社員が、企業にとってどういう存在だったのか。それを示すのは、このモデルのもとでは存在するはずのない中高年女性に対する企業の対応ぶりです。一九六〇年代に結婚退職制や女子若年定年制をめぐっていくつもの裁判が起こされましたが、その判決文の中には、当時の企業のものの考え方が極めて露骨に表れています。

まず、一九六〇年八月に「結婚したときは自発的に退職する」旨の念書を差入れて採用され、一九六三年一二月に結婚したにもかかわらず退職を拒んだために解雇された鈴木節子氏が会社を訴えた住友セメント事件（東京地判昭四一・一二・二〇）の判決から、会社側主張の「結婚退職制の採用とその理由」という項目を見てみましょう。

被告は、昭和三三年四月、爾後採用する女子職員のみにつき次の制度を採用した。すなわち、女子職員を、専らタイプライターによる印書、電話交換業務のほか、比較的軽度の経験技能をもつて処理することができ高度の判断力を必要としない補助的事務のみに従事させることとした。ここに補助的事務とは、文書の発受信、コピーの作成、事務用品の配布、使い走り、来客の取りつぎ、清掃、お茶汲み、その他男子職員の指示による計算、文書の浄書整理、電話連絡等の事務を指称し、業務計画立案、調査、研究報告、物品保管受払等の事務を含まない。そして、後者は男子職員のみが取扱うものとした。よつて、被告は、それ以後職員に関して採用資格につき、男子は大学又は高校卒、女子は原則として高校卒に限り、採用手続につき、男子は本社採用、女子は事業場において欠員の生じた都度採用とし、採用後の身分につき、男子は当初最下級の雇員であるが以後逐次昇進して幹部従業員となり得、他の事業場へ配置転換され得る。女子は結婚までの腰かけ的勤務であるから雇員以上に昇進せず、他の事業場へ配置転換されないと定めるなど、男子職員と女子職員との差異を明確にした。特に、被告は右時点以降、女子職員の採用に当り、「結婚又は満三五才に達したときは退職する」ことを労働契約の内容とする旨定めて、その旨の念書をこれらの者から提出させ、もつて被告はこれらの者が結婚したとき解雇し得ることとした。

同社がこのような結婚退職制を採用した理由は、以下の通りです。

わが国においては、一般に賃金は男女の別によりかなりの格差があり、とくに高年層において顕著であるが、被告は男女同一賃金の原則に徹し、高校卒の職員については、初任給、爾後の昇給とも、成績査定により生ずる差を除けば、年令を問わず男女同一の賃金を支給してきた。その根拠は次のとおりである。被告において大多数の女子職員は、前述の補助的事務に限り従事せしめられるが、男子職員は前述のように女子職員に比し責任の重いかつ企業に対する貢献度の高い事務に従事せしめられるのであるから、むしろ男子職員の賃金を女子職員のそれより高くすることが合理的である。しかし、結婚前の女子は、既婚女子に比して家事等に煩わされず、したがつて、被告の業務に寄与する程度が比較的高いので、被告はこの点を考慮して、労働に対する対価のほか結婚準備金の意味も含めて、女子職員の賃金を男子職員のそれと同額と定めていたわけである。

ところで、これらの**女子職員は、補助的事務に従事する場合であつても、細かい注意力、根気、正確性を必要とするのに、結婚後において、託児施設その他結婚後も勤務を継続する諸条件が整つていないため、家庭本位となり、欠勤がふえ、前示の適格性を欠き、その他労働能率が低下するのである。**それにも拘らず前記賃金制度のため、**これら長期勤続の女子職員は、これよりも責任ある地位に就いている男子職員（ことに大学卒業者）に比しより高額の賃金を給せられるという不合理が生ずるに至つた。**そこで、被告の男子職員らの多数から、この不合理の是正を求める要望が強まつていた。

この要望に対処して、なお男女職員の実質的平等を実現するには、女子職員の賃金体系を男子のそれと均衡のとれるように低下させ、女子が他社なみの低賃金で永く勤められるようにするか、女子職員の賃金体系をそのままにして雇入条件につき男子のそれと別異の定めをなし、女子を高賃金で結婚までの短期間に限り特定の職種につき雇うかの二方法が考えられる。被告は、女子職員を比較的労働能率の高い結婚前のみ雇傭して企業経営の効率的運用に寄与させる方針の下に、原則として後者の方法を選ぶこととした。

これは女子職員にとつてもその間他社に比し高い賃金を得ることとなり有利である。このほか、組合が昭和三五年において男女別の年令別最低基本給及び昭和三八年において男女別の中途採用者（学校卒業時たる大学卒二二才、高校卒一八才等を過ぎてから採用されたものをいう。）の初任給に関し、女子の基本給及び初任給を男子のそれの約七〇％にするよう提案し、被告もこれを承諾したのは、男子職員の右要望に副つたものである。（太字は著者。以下同）

男女均等法施行後に社会人になった世代からするといささか信じがたいかも知れませんが、高度成長期の普通の企業における発想はこのようなものでした。業務計画立案等の高度の判断力を必要とする業務は逐次昇進して幹部従業員となる男子職員のみに行わせ、結婚までの腰掛けとみなされた女子職員には高度の判断力を必要としない補助的業務のみを行わせるという男女差別的労務管理を疑うことなき前提とします。にもかかわらず「男女同一賃金の原則に徹し」(!)、「成績査定により生ずる差を除けば、年令を問わず男女同一の賃金を支給してきた」ために、長期勤続の女子職員の方が男子職員よりも高給となってしまうという「不合理」が生じてしまうことのないよう、結婚退職制を導入したというわけです。男女差別的労務管理と男女同一年功同一賃金を組み合わせると、こういう論理的帰結に至るという典型例とも言えます。

■女子若年定年制の壁

次に女子若年定年制について、一九六六年五月に労働組合(全国金属労働組合東急くろがね支部)との間で男子五五歳、女子三〇歳定年とする労働協約が結ばれ、これに基づいて一九六七年三月に定年退職となった志賀穂子氏が会社を訴えた東急機関工業事件(東京地判昭四四・七・一)における会社側の言い分を見てみましょう。本件はとりわけ、労働組合の年功的賃金要求を受け入れるための手段として、労働協約で女子若年定年制を導入した事例であるだけに、会社側の論理が示された住友セメント事件よりも、この問題の本質がより一層浮き彫りになっているといえます。

同社では従前「全従業員の賃金を同一の金額だけ一律に上昇させる方式」(一律上昇方式)を採っていましたが、会社側は経営合理化のため能力査定を行う職能給制度を採り入れようとし、組合側は「従来の一律上昇方式による賃金の増額を要求」し、交渉の結果従来の一律上昇方式を認めざるを得なかったという背景があります。そこで、会社はこう対処しました。

会社は、その業務のうち事務系の業務でしかも特別の技能、経験を必要としない補助的な作業（以下「軽雑作業」という。）に従事させるために、少数の女子従業員を採用しているがこのような女子従業員の賃金が他の本来的業務又は技術、経験を必要とする業務に従事している者の賃金と同様に毎年一律に上昇して行くような状態が継続することは、合理性に欠け従業員の士気を低下させるばかりでなく、経営の合理化を妨げることにもなるので、能率の点等も考慮し、女子従業員については停年を三〇才とすることによりこの問題を解決しようとした。

昭和四一年度の賃金増額要求についても、組合は一律上昇方式を主張して来たので、会社が右の解決案を提案したところ、組合も右方式によれば、女子従業員について会社の主張するような弊害が生ずることを認めて、本協定を締結するに至つたものである。

なお、会社が一般に女子従業員に担当させている軽雑作業とは、秘書補助業務、文書整理・受発信業務、人事労務関係手続業務、給与計算補助業務、和文タイピスト、出納補助業務、各種伝票等の整理・記帳・保管等の業務、事務用品等に関する各課々内庶務業務等である。

右のように軽雑作業は、その性質上単純でしかも代替可能な作業であり、従つてまた業務上の判断を必要とせず、その責任の軽い作業ということになる。その結果、配置転換や昇進、昇格も少く、女子の職場内における地位は一般に低いが、殊に賃金については、平均して男子よりも低い上に、年令的な上昇の割合は平担《ママ》であり、従つて男子との賃金の差は、年令が高くなる程大きくなるのが一般の例である。これに反し、**会社における女子従業員の場合は、前述のように、職務は全く補助的であるのに対し、賃金のみは年令が高くなると共に高くなり、高度の熟練、技能を必要とする等の業務**

に従事している男子との間に殆んど差がないという不合理があつた。

以上のような状況において、女子が結婚せずに又は結婚して勤務を継続すると、モラルと生産能率の低下を生ずることになる。すなわち、職務が特別の技能、経験を必要としないので、短期間にこれに習熟して能力的に伸びる余地がなくなり、また業務上の責任も軽く、昇進、昇格することもない為、責任感に乏しく、自主性がなく、積極性がなく職業意識に欠ける等々そのモラル及び生産能率は低下することとなる。殊に既婚者の場合には、自分が家事責任を負担することが多く、この為、家庭管理、家事労働、育児等について責任をもたなければならないこととなつて、勤務に支障を生ずることとなつている。

会社においても、右のような事情は全く同様であるから、本協定に定める停年制は全く合理的なものであつて、何ら公序良俗に反するものではない。

会社と対立して一律上昇方式を主張する組合自身が、そのシステムの下では女子従業員について弊害が生ずることについては会社側とまったく同じ認識を持ち、それゆえに女子若年定年制の導入で解決しようとする点についても同じ立場であったことが窺われます。

本件の場合、さらに「女子が結婚せずに又は結婚して勤務を継続すると、モラルと生産能率の低下を生ずることになる」と、未婚のまま働き続ける女性に対しても同様の視線を投げかけている点も注目に値します。結婚退職制の下では結婚しなければ建前上継続就労できないわけではないですが、本件ではそのような「脱法行為」も許さないという趣旨なのでしょう。

第2章　女房子供を養う賃金

1　生活給思想と皇国勤労観

■年功賃金制度の源流

　前章最後に見た結婚退職制や女子若年定年制を導入した企業のロジックに示されているように、こういった制度を導入せざるを得ない前提として、男女で異なる人事管理とともに、年功的な賃金制度があります。そこで本章では、女性労働問題そのものから暫時離れ、日本型雇用システムの特徴の一つとされているこの年功賃金制の歴史をやや詳しく振り返っておきたいと思います。この問題をきちんと考え抜いておかないと、日本の労働社会における女性の問題を的確に論ずることができないくらいに重要性のある論点です。

　二〇世紀初頭の日本では年功的な賃金制度など存在せず、基本的に技能評価に基づく職種別賃金でした。しかし日露戦争やとりわけ第一次大戦後、大企業に（小学校卒業者を採用して工場内で養成する）子飼い職工を中心とする雇用システムが確立するとともに、長期勤続を前提に定期昇給制が導入され、これが年功賃金制の出発点になります。しかし当時の年功制は、労働者の生活保障という意味よりも、長期勤続を奨励するための賃金制度という観点が強いものでした。また、多くの中小企業は依然として労働移動が頻繁な流動的な労働市場で、年功的ではありませんでした。

■家族を扶養できる賃金

日本において、賃金が労働者の生活を保障すべきものであるという生活給思想を最初にまとまった形で提唱したのは、呉海軍工廠の伍堂卓雄氏が一九二二年に発表した「職工給与標準制定の要」です。孫田良平氏編著『年功賃金の歩みと未来』（産業労働調査所）所収のこの論文の重要部分を引用しておきます。文語体で読みにくいと思いますが、我慢して読んでください。ここに戦後日本の出発点が凝縮されているのです。日本の女性労働が抜け出ることのできない泥沼の出発点がここにあるのです。

由来給与と生活費は夫々階級に応じ各自の社会的自覚によりて比較的平穏に経過し来りたるものなれども、近時資本家生活資料供給者家主等の如き従来相当公徳を維持し来りたるものが順次利己的傾向を明かにするに至りたると又這次の生活上の大変動は一般に労働者の社会的地位に対し自覚を促したる状況にあるに関らず現状に於ては彼等の生活を調整するの組織なく此儘にして放任せんか終には思潮の悪化を誘導して社会的攪乱の禍因を醸成するの虞れなしとせず此際局に当るものは職工給与に関し慎重なる考慮を払い合理的なる制度の採用を促進するの最大急務なるを惟う……

彼等が生活費の最低限として当然要求し得るものは一人前の職工とし其職を励む以上自己一身の生活は勿論日本の社会制度として避くべからざる家族の扶養に差支なき程度のものならざるべからず。……

最近生活費の上騰は「フィッキドウエージ」により一般に至当と認めらるる家族に要する生活費に達せしむる事は現状到底望み得べからざるを以て年齢と共に増加する式と改むるの外なきが如し此式による時は昇給は本人の技能の上達及び物価騰貴に全然関係なきものにして単に生活費の増加に応ずるものなり給料の高低に関らず或る程度以上の高級者と未成年者を除き勤続者は常に一定の昇給率を以て昇給することとなるべし

彼の主張を一言でいうと、従来の賃金が労働力の需給関係によって決まり、生活費の要素が考慮されなかったことを、労働者の思想悪化（＝共産主義化）の原因として批判し、年齢とともに賃金が上昇する仕組みが望ましいとしています。家族を扶養する必要のない若年期には、過度な高給を与えても酒食に徒費するだけで本人のためにもならないとし、逆に家族を扶養する壮年期以後には、家族を扶養するのに十分な額の賃金を払うようにすべきだというのです。

この論文が発表された当時の政治状況を見ますと、前年の一九二一年、全国の工場で労働組合が続々と結成され、争議が熾烈を極めました。穏健だった友愛会は大日本労働総同盟と改称し、階級闘争主義を掲げるようになりました。一九二二年には日本共産党が結成されています。海軍幹部士官であった伍堂卓雄氏にとって、労働運動の共産主義化を防ぐために生活給を打ち出すことには大きな戦略的意義があったのでしょう。

とはいえ、この流れがすぐに実現に向かったわけではありません。むしろ昭和初期には、世界恐慌の中で労務費の削減と賃金体系の合理化が企図され、年功制から職務給一本に向かうべきとの思想が出てきました。一九三二年には商工省臨時産業合理局生産管理委員会の報告「賃金制度」において、「仕事の種類によって、欧米の例の如く数段階に分類して、その各に対し一定の基本給額」たる職務給を支払う方向を示しています。ところが、支那事変から大東亜戦争へと進む中で、賃金制度は全く逆の方向、すなわち企業間の労働移動が禁止され、終身雇用を強制された、全員の画一的な年齢給の形をとった家族扶養的生活賃金の確立へと向かうのです。

■戦時体制がつくった日本型雇用

戦時期は企業がいかなる雇用制度、賃金制度をとるべきかについて事細かく法令で規定し、それが国家総動員体制の中で現実に強行されたという点で、大変興味深い時期です。まず従業者雇入制限令（一九三九年）、従業者移動防止令（一九四〇年）、この両者を併せて強化した労務調整令（一九四一年）により、それまで頻繁に行われていた自由な労働移動が禁止され、解雇は制限され、企業内封じ込めによる終身雇用が強制されるに至りました。つまり、従来は永年勤続を予定する基幹工のみが停年まで勤め、他は途中で排除されたり自ら退職していったのが、終身雇用が全員にまで及ぶことになったのです。

これと並行して賃金制度の法制化も進みました。まず第一次賃金統制令（一九三九年）は、未経験労働者の初任給の最低額と最高額を公定し、雇入れ後三ヶ月間はその範囲の賃金を支払うべき義務を課しました。また、その他の一般労働者の賃金額についても変更命令を行うことができることとされました。続いて賃金臨時措置令（一九三九年）により、雇用主は賃金を引き上げる目的で現在の基本給を変更することができないこととされ、ただ内規に基づいて昇給することだけが許されました。これらは労働力不足に伴う賃金の不当な高騰を抑制するという政策目的のために制定されたものですが、初任給を低く設定し、その後も内規による定期昇給しか認めないということになれば、自ずから賃金制度は年功制にならざるを得ません。

一九四〇年にはこれらを統合して第二次賃金統制令が制定され、賃金に関する総合的な規制法制が整備されました。ここでは初任給だけでなく一般的に最低賃金を定め、さらに労働者一人一時間当たりの平均時間割賃金を公定しました。これらは一九四一年に中央賃金委員会の答申に基づいて公定されましたが、地域別、業種別、男女別、年齢階層別に規定されており、従ってこれに基づく年功賃金制度も勤続年数よりもむしろ年齢に基づくものとならざるを得ませんでした。なお、賃金統制令の対象となるのはブルーカラー労働者ですが、ホワイトカラー職員についても会社経理統制令（一九四〇年）が制定され、初任給の上限や昇給は一年に七％以内という制限をかけて、事実上年功制を強制しました。

重要事業場労務管理令（一九四二年）は、事業主に従業規則、賃金規則（給料規則）及び昇給内規の作成を義務づけ、その作成変更について厚生大臣の認可制としました。事業主はこれらを従業者に周知するとともにこれを遵守しなければなりません。「昇給内規に依り従業者を昇給せしむべし」（第一一条第一項）というのですから、年功賃金制が法令によって強制されるものとなったということです。しかも、昇給内規認可方針では、「昇給標準額と最高額又は最低額との差は概ね標準額の五割程度とすること」と昇給格差まで規制されていました。

一方、既に第一次大戦後から家族手当を導入する企業がありましたが、これが戦時下の賃金統制の下で大きく拡大しました。「扶養家族ある労務者に対し手当支給方に関する件依命通牒」（昭和一五年発労第七号）は、賃金を固定化する中で、家族手当という名目での昇給（扶養家族一人につき二円）を例外的に認めました。これは翌一九四一年に三円、五円と増額されていきます。

■勤労は国家への奉仕

以上のような賃金法政策の背景となっているのは伍堂氏の提唱した生活給思想ですが、この時期それは時局に沿って「皇国勤労観」という名で呼ばれていました。皇国勤労観の賃金思想を表出した当時の文章をいくつか拾っておきましょう。

まず政府機関の政策文書から見ると、一九四三年五月の中央物価統制協力会議「賃金支払形態合理化に関する意見」では、「基本給は之を以て労務者及び其の家族の基本生計費を保障すべきもの」と明言し、同年六月の中央賃金専門委員会「賃金形態に関する指導方針」には、「賃金は労務者及び其の家族の生活を恒常的に確保すると共に、勤労業績に応ずる報償たるべきものとす」「定額給を以て賃金の基本とし、生活の向上化を保持せしむるものとす」「労務者の性、年齢及び勤続年数に応じ定額給の基準を定むること」などが示されています。

戦争末期の一九四五年四月に厚生省が発した「勤労者（工員）給与制度の指導に関する件」でも、「基本給を定むるに当りては勤労者の生活確保に重点を置くものとし年齢別基準額を基礎とし之に勤続年数、身分階級技能を併せて考慮し定むること」としていました。

民間の議論はさらに率直にその思想を展開しています。たとえば、名古屋高等商業教授だった中川一郎氏の「賃金制の否定と給与制の確立」（『社会政策時報』昭和一九年六月号）では、勤労は国家への奉仕であるから、賃金という対価と交換されるべきものではなく、国家がその生活を保障すべきものであるという、国家社会主義イデオロギーが全面的に展開されています。これは、この形では終戦と共に消滅したものではありますが、違う形で戦後脈々と生き続けていく思想の見事な定式化になっています。言葉尻の一つ一つに抵抗を感じるかも知れませんが、じっくりと読んでみてください。

皇国勤労観の下に於ては、勤労は皇国民の国家に対する奉仕活動であり、皇国民の国家に対する責任であるから、賃金の如き労務の提供に対する対価の概念は全然認められない。……皇国勤労観の下に於ては、奉仕活動を為すべきは皇国民の責任であるが、其の反面皇国民の生活を維持すべきは国家の責任なのである。……

給与制は、勤労者個人に非ずして、其の扶養家族をも含んだ家を対象とするものでなければならぬ。……

給与制は、勤労者の家を対象として確立さるべきであるから、給与額は当然に家族員数の多寡に依り異る。而も其の差額は……従来の様な家族手当の額にとどまるのではなく、実は扶養家族の員数が、給与額決定の重要な一基準となるのである。……

給与制は、勤労者及び其の扶養家族の生活保障を目的とするものでなければならぬ。……それは勤労者の勤労時間、生産数量とは無関係であり、又地域・職種の如何を問はない。

この大時代的な文章を、国家を企業に、皇国民を社員に置き換えて再度読んでみてください。そこから戦後史は始まります。

2　生活給を世界が批判

■年齢と家族数で決まる賃金

戦時中に法令で強制された年功賃金制は、「皇国の産業戦士」の生活を保障するという思想に基づいたものでした。この生活給思想を戦後再確立したのは、急進的な労働組合運動だったのです。

労働問題のかなりの領域において、戦中期と終戦直後の時期とは一つながりのサイクルと見ることができます。その中でも賃金制度は、戦時中の皇国勤労観に基づく政策方向が、戦後急進的な労働運動によってほとんどそのまま受け継がれていった典型的な領域です。戦後賃金体系の原形となったのは一九四六年一〇月のいわゆる電産型賃金体系ですが、これは詳細な生計費実態調査に基づいて、本人の年齢と扶養家族数に応じて生活保障給を定

図表３　電産型賃金体系とその構成

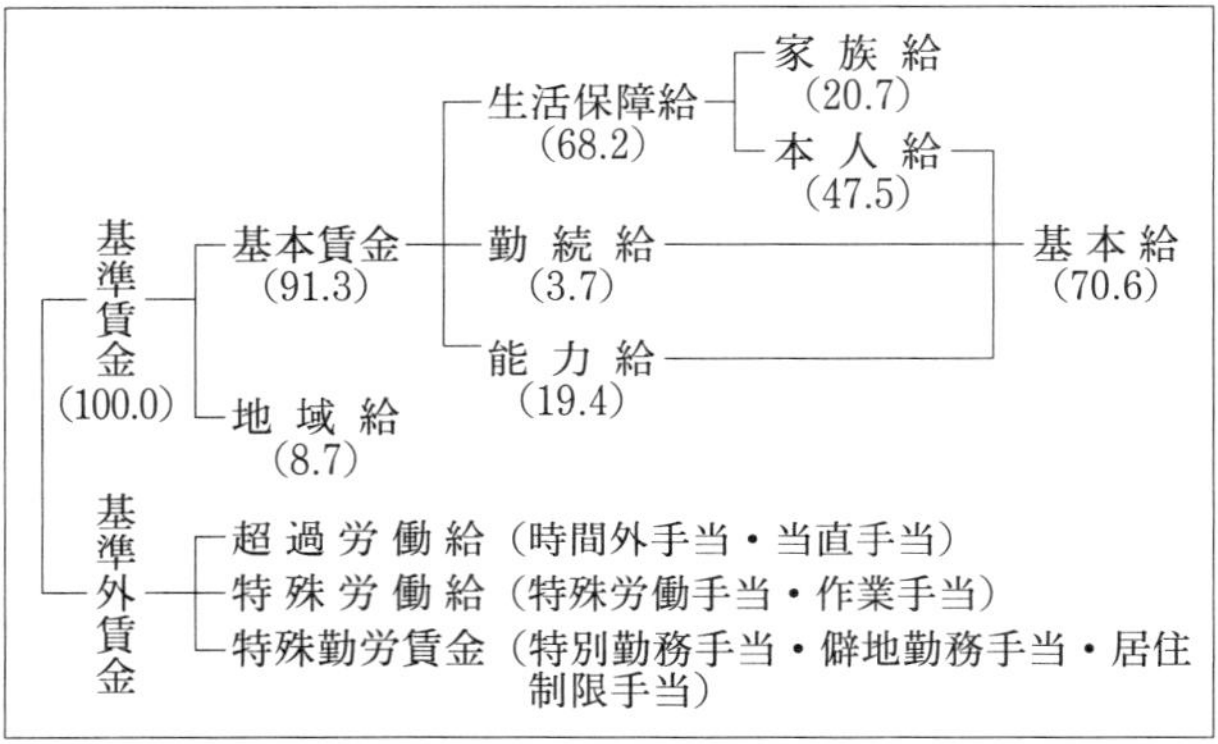

図表４　電産型賃金の年齢別最低保障給

年　齢	本　人	扶養家族 １人	扶養家族 ２人	扶養家族 ３人	扶養家族 ４人
17歳以下	500円	(200)円	(150)円	(150)円	(150)円
18	530				
19	560				
20	590				
21	620				
22	650				
23	680				
24	710				
25	740	940			
26	770	970	1,120		
27	800	1,000	1,150	1,300	
28	830	1,030	1,180	1,330	1,480
29	860	1,060	1,210	1,360	1,510
30	890	1,090	1,240	1,390	1,540
31	910	1,110	1,260	1,410	1,560
32	930	1,130	1,280	1,430	1,580
33	950	1,150	1,300	1,450	1,600
34	970	1,170	1,320	1,470	1,620
35	990	1,190	1,340	1,490	1,640
36	1,010	1,210	1,360	1,510	1,660
37	1,030	1,230	1,380	1,530	1,680
38	1,050	1,250	1,400	1,550	1,700
39	1,070	1,270	1,420	1,570	1,720
40	1,090	1,290	1,440	1,590	1,740
41	1,090	1,290	1,440	1,590	1,740

め、これに能力給や勤続給を加味した典型的な年功賃金制度でした。

賃金体系にその名を残す「電産」とは、正式には日本電気産業労働組合協議会。対する相手は日本発送電及び各地域の配電会社で、後に地域ごとの電力会社に再編されます。急進的な電産が崩壊した後に確立したのが今の電力労連です。この電産が激しい交渉の末勝ち取った賃金体系の構造は図表3〜4の通りですが、その本質は生活保障給が七割近くを占め、それが年齢と扶養家族数によって整然と規定されていたことにあります。

この生活保障を大前提とする賃金体系は、当時の労働組合の賃金要求活動に理論的根拠を与えるものとして、多くの組合に受け入れられました。

■GHQの批判

こうした生活給思想に基づく賃金制度を痛烈に批判し、「同一労働同一賃金原則」の導入を求めたのは、終戦直後期のGHQの労働諮問委員会と世界労働組合連盟（世界労連）の報告でした。

GHQ労働諮問委員会はアメリカの労働行政官が中心で、GHQの招きにより一九四六年一月から来日し、八月に最終報告を発表しました。その第四項「賃金、給料政策」の第三目に「同一労働に対する同一賃金」が記述されています。

六、日本の慣習的賃金構成の一番悪い部面の一つは、仕事の能率が同一である場合に於てさえ、女子に対して男子よりも低い賃金を支給するという一般的慣行である。この慣習は健全な労働政策に矛盾するのみならず、占領の一般目的——婦人の従属性をもたらす法律上のまたは制度上の差別待遇を除去することに矛盾するものである。性にのみ根拠を置く賃金の格差は、明白に法律によって禁ぜらるべきである。

ここでは男女同一賃金のみが問題となっているように見えますが、その後ろの第五目「賃金、給料構成の単純化」においては、日本の賃金制度の在り方そのものが槍玉に上がっています。

八、日本の賃金構成は極めて複雑している。しかして、**労働者の収入は、労働者の為した仕事の性質に非常に密接に連関しているとはいえないのが普通である。**基本賃金率は、一般の産業では、年齢、性、婚姻関係、被傭者の勤務時間に応じて異なっている。更に、基本給は全所得の極小部分のみしか示さないことがしばしばある。というのは数種類の特別の手当や賞与が支給されるからである。……

十一、**現行賃金制度のかくの如き複雑性は、ただに団体交渉を混乱せしめる傾向があるのみならず、特に年齢別、性別による差等により、低賃金水準に於ける児童及び婦人労働の過度の使用を促がす傾向がある。**問題は非常に錯綜しているので、全部法制によっては解決し得ない。しかし上述の「同一労働に対する同一賃金」の規定は有効な端緒を開くことになるであろう。政府使用人の賃金機構を改正することは、仕事自体に関係しない賃金要素を除去することとともに、私的産業が追随する模範として有用なことであろう。

後述するように、労働基準法の制定過程においては「同一価値労働同一賃金」という規定が提示されたこともあったのですが、生活給を否定できないということから「同一労働」抜きの「男女同一賃金」に落ち着きました。これはもはや「現行賃金制度のかくの如き複雑性」を解消する「有効な端緒」とはなりえないものでした。

■世界労連の批判

もう一つの批判者は世界労連でした。少し脇道ですが、この頃の世界の労働運動の流れを概観しておきます。終戦直後の一九四五年、東西両陣営の労働組合が世界労連に結集しました。ところが一九四九年にマーシャルプランをめぐって対立が生じ、西側諸国の労働組合は大挙して脱退し、国際自由労連を結成したのです。世界労連はソ連圏の（共産党直系の）組合だけの機関になりました。しかし、一九四七年三月に世界労連の視察団が来日したときはまだ西側労組が脱退する前でした。ですからこの時やってきたのは、仏労働総同盟（CGT）出身のルイ・サイヤン書記長を団長に、米産別会議（CIO）のタウンゼンド氏、全ソ労評のタラソフ氏、英労組会議（TUC）のベル氏ら六名でした。視察団は同年六月にプラハで開かれた総理事会に予備報告を行いましたが、その中で日本の賃金制度について次のように手厳しく批判しています。

代表は次の点に注意した。すなわち国有事業をも含めた工業において、賃金制度は職業能力、仕事の性質、なされた仕事の質や量に基礎を置いていない。時としてそれは勤労者の年齢や勤続年限によっている。また他の場合、われわれは調査にあたって男女勤労者の基本賃金を発見し得なかった。というのは、報酬は子供の数に基礎を置かれており、これら家族手当の性質や価値を決定し得ないのである。**代表団は全部かかる賃金決定法を非難した。かかる方法は、雇主の意志のままに誤用され、差別待遇され得る道を開くものであるという事実はさておいても、方法そのものが非合法的非経済的である。賃金は勤労者の資格、その労働能力に基礎が置かれねばならぬ。**妻子、老齢血続者等、家族扶養義務にたいする追加報酬は切り離すべきで、そして、受益者の年齢、資格を問わず、かれら全部に平等な特別の基準のものでなければならぬ。……

　代表団は全般的に見て、婦人労働者に正常の賃金と、より良い社会的地位とを保障する努力がこれまでほとんどなされていないと考えている。似通った仕事は同じ時間と、同じ質にたいして、同じだけの報酬に価するという原則に従って、代表団は、労働者の性別によって賃金に差をつけるべきではないと述べた。工場に多年勤めている婦人労働者は、男子見習員よりも安い賃金をもらっているが、この事実の中に、低い婦人にたいする不平等で、非人道社会的な考えが残っているのである。

　そして、賃金と労働条件の改善のための提案として、

四、婦人の賃金は引き上げられるべきこと。また、同一の量と、質の労働にたいする賃金には、労働者の性、年齢による差別を設けぬこと。

を求めています。

このように、終戦直後の時期において、アメリカの労働行政官たちと、世界の労働組合運動家たちは、揃って日本の賃金制度を批判し、同一労働同一賃金原則の確立を求めていたのです。

■労働基準法と男女同一賃金

こういう中で制定された労働基準法は、第四条として男女同一賃金を規定しています。これは、一九四六年七月にソ連代表デレヴィヤンコ氏の勧告で取り上げられた直後の第五次案で初めて登場したもので、そのときは「同一価値労働同一賃金の原則」とされていました。

（同一価値労働同一賃金の原則）

第四条　使用者は、同一価値労働に対しては男女同額の賃金を支払はなければならない。

上記同年八月のＧＨＱ労働諮問委員会報告で「『同一労働に対する同一賃金』の規定は有効な端緒を開くことになるであろう」という展望を述べていたのは、この規定ぶりを前提にした意見であったわけです。

ところが、これが同八月の労務法制審議会の小委員会で討議されたときの主要問題として、「同一価値労働同一賃金の原則を性別だけでなく年齢別にも適用するか」というのが挙げられていましたが、「年齢の差別を認めないならば定期昇給の原則が行われないし現在日本の賃金制度を破壊する」（桂皐《たかし》委員）という意見が出て、年齢差別禁止は沙汰止みになりました。

さらに同月の第二回審議会では、総同盟から出ている西尾末広委員がこの問題を追及しています。このやりとりは、同一価値労働同一賃金の観念と生活給の思想との間には矛盾があるという問題の本質を浮き彫りにしています。

○西尾委員　……さつき一寸問題のありました男女の場合、同一価値労働に対しては同一賃金を払ふ。これは一方年令によつて必ずしもさうするといふことは少しどうかと思ふといふ、この考へ方とは矛盾があるのです。つまり**いはゆる生活賃金といふものの、労働の価値によつて賃金を払ふといふよりは、その労働者の家族が多ければ、その家族に手当を与へる、いはゆる生活賃金、生活をし得る程度の賃金を与へるといふ考へ方と、男女同一価値労働に対する同一賃金といふ観念とには矛盾がある。**この問題をもつと整理しなければいかんぢやないかと思ふのですが、その点についてはどうでせうか。……

○末弘委員　最後の男女同一は、あたな《ママ》の仰しやる通りです。小委員会で議論がありまして、先程も申上げましたやうに、裏から言へば割合にさういふ誤解はなくて、つまり同じ価値であるのに、女だからといつて特に差等をつけてはいけない、さういつたやうな書き方をすればその誤解はなくなる。

○西尾委員　しかしその場合でも、**男と女と扶養家族の関係において、女は生活が割合に楽ぢやないかといふ場合が考へれる。**生活賃金といふ場合からいふと、生活賃金といふ考へ方は、必ずしも生産量が同じなら同じやうに払へといふ機械的な考へとは違つて来る。
○末弘委員　そこに日本の現在の賃金に対する考へ方と、今いつたこの原則との間には確かに開きがあると思ふが、将来果してさういふ考へ方がやはり持続さるべきかどうか、といふやうなことについても議論があつたやうであります。
○西尾委員　そこで問題をもつと整理して、それなら、将来のことを考へるならば、**同一価値〔労働〕に対して同一賃金をやる考へ方なら、家族の多い者に対してただ家族手当を与へるといふことは間違つてゐるといふことになる**のだが、この間の矛盾を、もつと理論的に、実際的にも掘下げて整理して置かんと、いろいろの実施上に於ての矛盾が出て来る。
○吉武労政局長　……ですからこれをあまりやかましく言はれると困るので、この点はいろ／＼御意見があらうかと思つてをりますけれども、先程申しましたやうに、**まあ女だからといつて当分低くしてはいかんぞ、**といふくらゐに解釈して貰はなければならんかと思つてをります。

翌九月には公聴会が開かれ、この問題も繰り返し取り上げられています。奇妙なのは、GHQ労働課の上野という人が「男は一生の仕事とし、妻子を養ふ。賃金は生活費を基準とすべきだ」と述べて第四条の削除を主張していることです。いくらなんでも、これはGHQの公式見解ではないはずです。

公聴会終了後の第七次案では「同一価値労働」も「同一労働」も消え、現行の規定ぶりに変わっています。右の吉武発言を法文化するとこういうことになるのでしょう。男女の明確な賃金差別は禁止するが、賃金制度のあり方自体については法的介入は避けるという決断がここでされたと見ることができるでしょう。これによって、労働基準法第四条の射程は女子であることを理由とする賃金差別のみに限定され、賃金制度に基づく同一労働ないし同一価値労働に対する男女間賃金格差は問題にならなくなりました。

（男女同一賃金の原則）

第四条　使用者は、労働者が女子であることを理由として、賃金について、男子と差別的取扱をしてはならない。

3　職務給シフトの試み

■終戦直後の賃金合理化

一方この時期、ＧＨＱ労働諮問委員会報告を受けて、政府部内で賃金制度改革への動きがあったことも記憶にとどめられる必要があります。経済安定本部は一九四六年一一月、「賃金支払方法に関する基本方針案」を策定し、その中で「賃金は職務及び作業の遂行に対して支払わるるものなることの原則を堅持すること」と規定していました。あくまでも職務の価値で賃金を決定すべきという姿勢でした。もっとも、実際にはまったく効力がなく、その実施も円滑に行われなかったようです。

労働省労働基準局もこの時期、賃金制度の合理化指導に力を入れていました。一九四六年以来、業種ごとに職務給研究会を設置し、職務給与制度についての指導研究を行うとともに、民間企業への職務給の導入に主力を注いでいました。

■財界は職務給に熱中

さて、経営権の確立を掲げて一九四八年に結成された日経連は、賃金制度のあり方について続々と見解を明らかにしていきました。「企業合理化に伴う賃金制度と能率給」（一九四九年九月）においては、「生活給から能率給へ」というスローガンを掲げ、「当面の賃金問題に対する経営者の態度」（一九五〇年二月）においても、「経営者としてはあくまでも生活給偏重を排除して、労働の対価たる賃金の本質に則って、労働者の能力、能率を基軸とした合理的な体系を確立することが必要且当然」と述べていました。

「職階給」という表現が出てくるのは「新労務管理に関する見解」（一九五〇年五月）です。「終戦以来の企業経営の現実を見るに所謂職工員の身分的な差別撤廃の後に来るべき職場秩序の確立方式は未だ模索の状態を出でない」とし、「一部に残存する生活給偏重の傾向を完全に揚棄するためには率直に職階制の長所を取り入れることが捷径である。職階制を採用することによって、人事の基準を仕事内容に置き、仕事の量及び質を正確に反映した給与形態を採ることが出来る」と主張し、「徒らに仕事内容と無関係な身分制の固定化と給与の悪平等こそ本制度の排斥せんとするところである」と高らかに唱っています。

職階制とは、ＧＨＱの命令で国家公務員に適用されるはずでありながら、職務分析が遅れているという言い訳で実施されないまま、いつの間にか廃止された公務部門の職務給制度です。注目すべきは、「職階制の効果」として「同一労働、同一賃金の徹底」が挙げられている点です。

日経連は一九五五年一〇月には『職務給の研究』という大著を刊行し、その中で「賃金の本質は労働の対価たるところにあり、同一職務労働であれば、担当者の学歴、年齢等の如何に拘わらず同一の給与額が支払われるべきであり、同一労働、同一賃金の原則によって貫かれるべきものである」とその意義を宣言しています。そして、「職務給の本質は、同一価値労働同一賃金原則の近代的賃金原則を企業内における各職種の質的相違に対する経営としての一定の秩序付けに応じて賃金の適正な差異を設定し、全体として均衡のとれた賃金体系を確立するところにある」と述べ、「その職務をどの程度に且つどの位遂行する能力なり、また実際遂行したかという労働能力と労働成果——従業員としての労働力の担い手の内容に対する評価は含まれていない」と、（能力や成果といった）人に着目するのではなくジョブそのものに着目するのだというその本質を明確にしています。

一九六〇年代にはいると、日経連はいよいよ職務給化を前面に打ち出してきます。「賃金管理近代化の基本方向」（一九六二年一月）は、職務基準の原則、年齢別格差縮小の原則、社会的標準化の原則を示し、当面は年功賃金との妥協を認めつつも、将来的には（といっても「一〇年から二〇年の期間ではなく、目前緊急の課題」といっています）職務給に移行することを打ち出しています。注目すべきは、「職務評価は同一労働同一賃金の原則と……報酬に差をつけるとの原則の実現を図りうるもの」と、同一労働同一賃金原則を実現すべき目標と位置づけていることです。

その実現の道筋は次の通り、あくまでも企業別の賃金決定を原則とする職務給化を示しています。「第一段階は、大企業の職務給化である。この段階で、職務の定型化と標準化とに努力する。第二段階は、職務給実施の先進的大企業がある程度出揃ったところで、それらの企業間で（業種別、地域別、全国的）共通の標準的な職務（いわゆるキイ・ジョッブ）を見出し、または設定し、これについて相互に賃金比較を行い（要すれば協定を結び）、標準的職務の賃率を横に揃える努力を行う。第三段階は、職務給実施企業がさらに増えてきたところで、産業別ないし全国的な団体及び政府機関において、現在の学歴別年齢別賃金統計に並行して標準的職務についての賃率、実収賃金統計を実施していく。かくして同業種同規模間の標準化に発して、次第にこれを異業種異規模間に及ぼして、全国的な標準化を実現していく」。このように、個々の企業の中で職務給化を図りながら、徐々に業種や地域単位で他企業にも広げていき、全国的な仕組みにもっていくという流れが示されています。

翌一九六三年の「日本経済の展望と賃金問題」でも、「大企業における終身雇用制という封鎖的な雇用体系と、その中で形成されてゆく年功序列的な賃金体系」が規模別賃金格差の背景であり、これを解決するには「職務価値に応じた合理的な賃金体系」が重要であると述べています。まさに近代主義の思想といえるでしょう。

■政府も職務給を唱道

一九六〇年代の政府の経済計画などを見ても、職務給唱道の姿勢が明確に打ち出されていました。たとえば「国民所得倍増計画」（一九六〇年一二月）は、「わが国の場合、終身雇用制、年功序列型賃金制度等の諸要素が労働力の流動性をより著しく阻害している」との認識に立ち、労働力の流動性を高めるために、「広域職業紹介の機能を持つ職業安定機構の確立を図り、横断的な労働市場を形成」すること、「労働力の可能性の障害となっている住宅問題の改善」すなわち「政府施策による勤労者用住宅の充実を図ること」といった公共政策とともに、「わが国における労務管理体制の近代化をいっそう促進」すべきと訴えています。具体的には「生涯雇用的慣行とそれに基づく年功序列型賃金体系を技術革新の進展に適合して職業能力に応じた人事待遇制度へ改善してゆくこと」が必要と説いています。

これをさらに細かく敷衍しているのが「人的能力政策に関する経済審議会答申」（一九六三年一月）です。同答申は、「年功賃金と年功人事を二本の柱とした」わが国の経営秩序を近代化することを大きく打ち出しています。その「経営秩序近代化の第一歩は、従来なかば無規定的であった労働給付の内容を職務ごとに確定すること、すなわち職務要件の明確化」であり、「今後の賃金制度の方向」は「公平な職務要件に基づく人事制度を前提とする職務給」であると断言しています。「職務給のもとで職務評価によって公平に職務間の賃率の差を定めることができるとともに、個個の職務においては同一労働同一賃金の原則が貫かれる」からです。

より現場に近い労働行政においても、雇用審議会答申第二号（一九五九年五月）は、「合理的な賃金体系の確立は労働市場の近代化に待つところが多いが、現在においても許される限り、単なる年功による賃金の格付けを同一労働同一賃金の方向に漸次接近させることによって、労働市場の封鎖性の解消に資すべきである」と述べ、雇用審議会答申第七号（一九六五年一二月）も、「近代的労働市場の形成」を看板に掲げ、職業能力と職種を中心とする労働市場を形成することによって、労働力の流動性を高めるとともに、「年功序列型の雇用賃金の改善」を示しています。この思想が法制化されたのが雇用対策法（一九六六年七月制定）であり、これに基づいて翌年策定されたのが第一次雇用対策基本計画（一九六七年三月）です。この時期の労働行政は、企業内の雇用安定を重視する内部労働市場政策ではなく、労働力の流動性を重視する外部労働市場政策に立っていたのです。

■職務給がBGを救う？

一九六〇年代にBG評論家として活躍した上坂冬子氏は、『私のBG論』（三一新書）の中で「BGを救う職務給」という一節を書いています。

彼女は、アメリカのBGたち（とは呼ばれていないはずですが）がひんぱんに転職し、日本のように転職すればするほど不利になる状況ではないことを指摘して、「これはいうまでもなく職務給制度が徹底しているからだと思います」と述べて、職務給の導入に希望を見出すのです。次の文章は、現実のBGに対する痛烈なまでの皮肉と裏腹の彼女の理想像を浮かび上がらせています。

私としては果たして職業であるかどうかとつねに疑問をいだかせるような、正体不明、人畜無害のＢＧという集団を、新しい職業論として展開し直していくために、何はともあれ漠然とひろがっているＢＧ層を、明確かつ詳細に分析し、規定づけていく作業を提唱したいのです。職務給制度の第一段階である職務分析に当っても、経営者は女子をますます低く価値づけていくにちがいないという意見も、それはそれなりに分かりますけれども、しかし私はそれらを承知した上で少なくともＢＧに関しては、早急に英断をもって職務給制度をとりあげるよう希望し提唱したいと思います。大ざっぱにＢＧと呼ばれている者の中には職業人と非職業人が混同されているという矛盾もこれによって解決されましょうし、また現在ＢＧの職務とされているものの中には職業に価しない部門もある反面、男性に勝るとも劣らない部門もありながら、これらがすべて同一基準にならべられているという不合理も少しずつ解決されていくでしょう。

職務給制度の導入によってこそ、実態のないＢＧは次第にその実態をうかび上がらせてくるのではないかと私は考えるのです。

もっとも、かくも職務給に希望を馳せるＢＧに対して、職務給を唱道していた当の日経連の前田一専務理事は、前章で見たように「一人の娘さんをあずかった」という程度の認識であったわけです。この時期の経営側の職務給推進論のどこを読んでも、それが女性の活躍に資するというような言葉は出てきません。

■遂にＩＬＯ条約を批准

しかし、政府の労働政策にはその片鱗が姿を表したこともあります。一九六七年に政府が国際労働機関（ＩＬＯ）の「同一価値の労働についての男女労働者に対する同一報酬に関する条約」（第一〇〇号）を批准した時の国会答弁を見ると、なかなか興味深いことが語られています。

第二条１　各加盟国は、報酬率を決定するため行なわれている方法に適した手段によって、同一価値の労働についての男女労働者に対する同一報酬の原則のすべての労働者への適用を促進し、及び前記の方法と両立する限り確保しなければならない。

一九六七年七月一一日参議院外務委員会の議事録から当時の労働省幹部の答弁をいくつ

か拾っておきましょう。まず、辻英雄官房長。

従来の日本の年功序列賃金体系というものが、年齢なり勤続年数によって賃金がきめられてまいりますると、比較的勤続年数の短い者の多い女子の場合には、その意味からも賃金が不利な結果に相なっておるというような事実がございます。……非常にそういう賃金体系に対する世間の考え方も変わってきております。労働省としましても、基本的な方向としましては、同じ労働に対しては同じ賃金が払われるということで、男女の賃金の差を基本的にはそういう方向に持っていくことによってこの条約の趣旨が実現されるであろう。そういう努力もいたしてまいりたい。

そして渡辺健二賃金部長。

日本の場合には、賃金体系が、御承知のように、従来は年齢であるとか、学歴であるとか、勤続であるとか、主として仕事によらないで、そういう属人的な要素によって賃金がきめられるのが一般的な賃金慣行として行なわれておったわけでございます。

……ただ、日本におきましても、……従来の年齢や勤続、学歴等によるいわゆる年功序列賃金というものだけではいろいろ実情にそぐわない状況が出てまいりまして、実際の労使間におきましても、そういう要素以外に、仕事によって賃金をきめるというような、仕事の性質、労働者の能力によって賃金をきめるという傾向が出てまいっております。そうなりますと、今度はそういう年齢や勤続によらない、仕事による賃金でございますから、今度は、仕事につきまして、その仕事がはたして同一価値であるのかそうであるのかそうでないのか、そういうことが問題になって、しかも仕事が同じなのに賃金に差があるということになりますと、それは性別による差別でないか、こういう問題が出てまいるわけでございます。したがいまして、日本でもようやくそういう仕事や能力によって賃金というものが最近数年徐々に出てまいっておりまして、それに応じまして、民間でも職務評価とか職務分析、こういうことが出てまいってお るわけでございます。労働省におきましても、そういう職務や能力に応じた賃金というのは、わが国の経済の趨勢からいたしまして好ましい方向であると考えまして、たとえば労働省の中にも学識経験者からなる賃金研究会といったようなものをつくりまして、そういう仕事に応じた賃金、能力に応じた賃金、それについてはどういう要素によって職務の評価をしたらいいかといったような研究をし、逐次そのレポートなども出しまして、民間にそういう賃金制度の方向へ向かっての勧奨等もいたしておるわけでございまして、今後民間においてもそういう傾向は強まると思いますので、この条約の精神からいたしても、私ども一そうそういう措置を促進してまいりたいと、かように考えておるところでございます。

この半世紀近く前の国会答弁が想定していた職務給へのシフトは、しかし起ることはありませんでした。それどころかむしろ、事態はまったく逆の方向へ進んでいったのです。せっかく批准したILO第一〇〇号条約が空洞化するような方向へのシフトはなぜ起こったのか、ここで時代の目盛りを再度終戦直後の時期に戻しましょう。

4　労働組合は生活給が大好き

■マル経で生活給を正当化

こうした経営側や政府の職務給導入論に対して、労働側は口先では「同一労働同一賃金」を唱えながら、実際には生活給をできるだけ維持したいという姿勢で推移していたといえます。

先の電産型賃金体系は、終戦直後に家族手当などが膨れあがる形で混乱を極めていた賃金制度を、基本給自体を本人の年齢と扶養家族数によって決めるように明確化したもので、生活給思想の典型といえるものです。それと同一労働同一賃金原則の関係は、労働側にとってなかなか説明しがたいものでした。

これをマルクス経済学（マル経）の概念枠組みを駆使して説明しようとしたものとして、宮川實氏が一九四九年に唱えた「同一労働力同一賃金」説があります（宮川實氏『資本論研究二』青木書店、一九四九年）。これは、戦時体制下の皇国勤労観に由来する生活給思想を、剰余価値理論に基づく「労働の再生産費＝労働力の価値」に対応した賃金制度として正当化しようとするものでした。そのロジックの説明は後で詳しく述べますが、まずはざっと目を通してください。

同じ種類の労働力の価値（価格）は同じである。なぜというに、同じ種類の労働力を再生産するために社会的に必要な労働の分量は、同じだからである。だから同一の労働力にたいしては、同一の賃金が支払われねばならぬ。……資本家およびその理論的代弁者は、同一労働、同一賃金の原則を異つた意味に解釈する。すなわち彼らは、この原則を労働者が行う労働が同じ性質同じ分量のものである場合には、同じ賃金が支払われねばならぬ、別の言葉でいえば、賃金は労働者が行う労働の質と量とに応じて支払われねばならぬ。というふうに解釈する。労働者がより多くの価値をつくればつくるほど、賃金は高くなければならぬ、賃金の大きさをきめるものは。労働者がつくりだす価値の大きさである、というのである。……すでに述べたように賃金は労働力の価値（価格）であって、労働力がつくりだす価値ではない。労働力は、それ自身の価値（賃金）よりも大きな価値をつくりだすが、この超過分（剰余価値）は、資本家のポケットにはいり、賃金にはならない。……われわれは、賃金の差は労働力の価値（価格）の差であって、労働者が行う労働の差（労働者がつくりだす価値の差）ではないということを、銘記しなければならぬ。……この二つのものを混同するところから、多くの誤った考えが生まれる。民同の人たちの、賃金は労働の質と量とに応じて支払わるべきである、という主張は、この混同にもとず《ママ》く。……賃金の差は、労働力の質の差異にもとず《ママ》くのであって、労働の質の差異にもとず《ママ》くのではない。だから同一労働、同一賃金の原則は、正確にいえば、同一労働力、同一賃金の原則であり、別の言葉でいえば労働力の価値に応じた賃金ということである。……資本主義社会では、労働者は、じぶんがどれだけの分量の労働をしたかということを標準としては報酬を支払われない。労働者にたいする報酬は、彼が売る労働力という商品の価値が大きいか小さいかによって、大きくなったり小さくなったりする。そして労働力という商品の価値は、労働者の生活資料の価値によって定まる。……労働者の報酬は労働力の種類によって異るが、これは、それらの労働の再生産費が異るからである。

さてしかし、この文章をいきなり読んで何を言っているかがすぐわかる人は、マル経をかなり知っている人でしょう。現在ではマル経はあまり流行らないので、何のことかさっぱりわからない人の方が多いのではないかと思われます。そこで、私自身全然納得していないのですが、できるだけわかりやすく説明してみたいと思います。

まず、マル経では、商品の価値はそれを生産するのに要した労働量によって決まるということ（労働価値説）が出発点になります。ある商品と他の商品が同じ値段になるのはなぜかというと、どちらを生産するのにも同じ一〇時間必要だから同じ二万円になるのだ、という理屈です。細かくいえば、労働の質が違うと価値も違うとかいろいろありますが、大筋はこうです。これは現在主流の新古典派経済学とは異なりますが、本書は経済学の議論を展開するところではないので、マル経とはそういうものだと思ってください。

では、労働生産物ではない労働そのものの価格である賃金はどうやって決まるのでしょうか。ここは大変技巧的な説明になります。世間ではみんな賃金とは「労働の価格」だと思っているけれども、実はそうじゃなくて「労働力の価格」なんだというのです。前者であれば、労働者というサービス業者が自社の商品である労働というサービスを切り売りしているイメージですが、後者だと奴隷主である労働者が奴隷である労働者をまるごと貸し出しているイメージですね。そうすると、労働力という商品はそれ自体も労働を投入して生産されるべき商品であり、その価値はその生産に必要な労働時間で決定されることになります。ここで労働力の生産とは、毎日飯を食って明日からまた同じように働けるようにすること、つまり「再生産」を意味します。つまり一言で言うと、労働者がずっと労働者として働き続けられる程度の生活ができるぎりぎりのお金が労働力の価値ということになります。

これで最初に出てきた「同一の労働力にたいしては、同一の賃金が支払われなければならぬ」が何を言っているかがわかりました。「賃金は労働者が行う労働の質と量とに応じて支払われなければならぬ」というのは、マル経からすると間違いなのです。それは俗流経済学の間違った発想なのです。

ここはマル経の一番根幹になるところです。一方で労働生産物の価値はそれに投入された労働者の労働時間によって決まるというのですから、商品の価値は本来すべて労働者に属するはずです。ところが労働者に払われる賃金は、その労働力の再生産に必要な分でしかない。そこで、たとえば一日一〇時間労働して二万円の商品を生産したとしても、その労働者に支払われるのはその労働力の再生産、つまり生活維持に必要な一万円でしかないので、その差額の一万円はまるまる資本家のポケットに入ってしまいます。これを剰余価値といって、それが資本家が労働者から搾取している部分だと説明するのです。搾取という言葉を、昔の『女工哀史』や昨今のブラック企業のようなことだと思っていたら、マル経の授業で単位はもらえません。マル経では、搾取とは利潤が存在することと同じことを意味するのです。

問題はこの労働力の再生産に必要な労働時間の中身です。労働者本人の生存ぎりぎりの生活費では、その労働者が老衰して死んでしまったらおしまいです。労働者も生き物ですから、個体として生存するだけではなく、種族として再生産できなければ、それを使って商品を生産する資本主義社会も維持できません。それゆえ、労働力の再生産費には、労働者本人だけでなく、その妻や子供など家族の生活費も含まれなければなりません。つまり、女房子供を養える生活給の正当性は、マル経によって見事に弁証されたことになります。

逆に、いままで成人男子労働者に養ってもらっていた女房や子供たちが働きに出ると何が起こるでしょうか？　家族総出で働いても労働力の再生産費はほとんど変わりませんから、それが家族の賃金で分割されるだけです。今まで亭主一人で月四〇万円稼いでいたのが、亭主は二〇万円、女房は一〇万円、子供二人はそれぞれ五万円で、合計は以前と同じ四〇万円になるわけです。これをマル経では「労働力の価値分割」といいます。女性が労働力化すると労働力の価値が下がるのです。

これでやっと生活給のロジックに接続しました。ここでの説明は頭にとどめておいてください。とりわけ、賃金は「労働の価格」ではなく、「労働力の価格」であるというマル経の考え方は、この生活給のロジックを超えて、今日の日本社会で支配的なメンバーシップ型労働社会のあり方と密接な論理的因果関係を有しているのです。

■労働組合婦人部のか細い声

一九五〇年、労働組合のナショナルセンターである日本労働組合総評議会（総評）が結成されました。総評結成大会の「当面の行動綱領」では、「われわれは性別による差別待遇に反対し、同一労働同一賃金制の確立と、婦人年少労働者の完全保護のために闘う」と述べ、翌一九五一年の運動方針でも「男女同一労働に対する同一賃銀の獲得」「婦女子なるがための差別反対」を掲げていました。

この時、一六単産（総評加盟の産業別労働組合組織）の婦人部長らが集まり、総評幹事会に次のような要求案を提出しています（山田和代氏「労働組合婦人部の『男女同一労働同一賃金』要求」〔『筑波大学経済学論集』四〇号〕より引用）。

女性の賃金について

男女同一賃金の問題は労働基準法施行以来、漸次解決されつつあるが、いまだ女子の賃金はいちじるしく低賃金である。

このように、女子の多い職場で女子の賃金が不当に低い原因は一般的に年齢構成が若いこと、家族負担が割合に少ないことがあげられるが、さらに根本的な原因はこんにちなお残存する男尊女卑の封建的思想に由来するものであり、また公正な職務の分析、評価にもとづく賃金の算定が行われていない結果である。……ゆえにつぎのことを提案する。

①職務の分析と評価を公正にすること。

②初任給を男女平等にし、その額を引き上げること。

③昇給、昇格の額および時期を男女平等とすること。

④責任ある地位につけること。

⑤基本給、諸手当の男女差を撤廃すること。

しかしこの要求案は平和問題等を抱えた大会議題に取り上げられませんでした。その後も、とりわけ「職務の分析と評価」という要求が、経営側の職務給導入政策に同調するものと受け取られる懸念から、彼女らのか細い声はますますか細く、ほとんど聞こえないような声になっていったのです。

■総評は大幅賃上げ一本槍

日本共産党系の産別会議（全日本産業別労働組合会議）が崩壊し、GHQの肝いりで総評が結成された後も、賃金闘争はもっぱら誰もが同意する「大幅賃上げ」要求一本槍で、労働者内部に対立をもたらすおそれのある賃金制度の問題は慎重に避けられていました。一九五二年二月に総評が発表した「賃金綱領」は、「健康で文化的な生活を営むことができる賃金水準＝最低手取り七万円の実現」「全物量方式による実質賃金要求の達成」「最低生活保障を基礎とする合理的賃率―職階給制打破」を掲げています。

この時期に広まった生計費の算定方式がいわゆるマーケットバスケット方式、すべての生活費目を価格換算して買い物籠に積み上げる方式です。これは当時、生活保護の算定方式として採用されていたものです。最低賃金を問題にしているのであれば、生活保護と同様、生計費を基準とすべきことはいうまでもありません。しかし「同一労働同一賃金」の問題とは、生活を維持しうる最低限度の賃金ではなく、それを上回る水準の労働者の賃金の決め方が問題の焦点になるはずです。しかし、「食える賃金」というスローガンの下では、その区別は意識されていなかったようです。

総評はこの後、職務給反対闘争を遂行していきます。一九六二年度運動方針では、「職務給は同一労働同一賃金を実現するものだという宣伝によって労働者を巻き込もうとする。

しかし、それは格差をちじ《ママ》めるだけで労働者の要求とはまったく違う」「われわれが要求しているのは、たんに、年功なり、男女なりの賃金格差が縮小すればよいということではなく、年配者、男子の賃金を引き上げながら、青年なり婦人なり、臨時工なりの賃金を一層大きく引き上げて短縮する。言い換えれば、同一労働同一賃金は賃金引き上げの原則であって、たんなる配分の原則ではない」と、苦肉の表現をしています。

■なお根強い生活給思想

さて、公式的な年功賃金の正当化原理は、後述のように終戦直後のストレートな生活給思想から高度成長期の「能力」主義、知的熟練論にシフトしていきましたが、本音のレベルでは女房子供を養える生活給思想が根強く残っていたようです。それも労働価値説を奉ずる正統派マルクス主義の陣営だけでなく、実証的労働経済学者にも垣間見られます。高梨昌氏が二〇〇七年に著した『構想　完全雇用政策の再構築』（社会経済生産性本部）では、「賃金論の前提は世帯＝家族」であるべきなのに、「共働き家族を理想とする個人別賃金論」が登場してきたとして、次のような批判を加えています。

キャリアウーマンをはじめ、ジェンダー思想の持ち主の発言が目立つために、日本のごく一般の女子のみならず男子の「反論」が陰に追いやられているのではないかと危惧する。……

もともと賃金は、本人及び家族の生活が成り立つ水準でなければならないことはアダム・スミスが唱えたもので、この真理は今日でも通用するものである。ところが、限界効用理論に立つ新古典派経済学が隆盛になるにつれ、いつの間にか、賃金生存説にしても、世帯賃金論にしても影響力を弱めて、忘れ去られ、個人別賃金論が制覇しはじめている。これが極端に進めば、労働力の生産・再生産の基礎となる家族が解体されるから、労働力供給は先細りとならざるをえない。これが表面化したのが、パラサイトシングルの増加や晩婚化などによる出生率の低下を生む少子社会なのではないか。

ここで髙梨氏がキャリアウーマンと否定的に呼んだ労働省の女性官僚たちが、次章の主役を演じることになります。

5 正体不明の「知的熟練」

■「ジョブ」から「ヒト」への大転換

先に見た政府や経営側の動きからすると、一九六〇年代には日本でも職務給が一般化し、同一労働同一賃金原則が確立する方向に動いていっても不思議でなかったように見えますが、あに図らんや事態は全く逆の方向に進んでいったのです。それを一言でいえば、仕事に着目する職務給からヒトに着目する職能給への思想転換です。これをリードしたのも、苦肉の表現で職務給に反対していた総評ではなく、職務給を推進していたはずの日経連でした。この転換については石田光男氏の『賃金の社会科学』（中央経済社）が詳しく分析しています。

一九五五年の『職務給の研究』では、「職務給が賃金制度合理化の北極星」であり、「職務給の行き詰りを旧き資格制、身分制の復活のみに切換えることにより解決する如き逆コースの邪道は勿論、論外」とまで批判していたのですが、一九六〇年前後から徐々に職能給への言及が増えていきます。それも一九六一年段階では、職務給への移行の暫定措置としては容認するものの、職務給に代わるものとしては否定していたのですが、一九六四年段階では、「職務遂行能力とは職務が要請する能力」だから職務の価値に照応しているのだといささか無理なこじつけで正当化を試みています。これがやがて「能力主義」という名の下に職務とは切り離された能力に基づく賃金制度として確立していくのですが、その上で重要な政策文書が、一九六六年に設置された日経連労務管理委員会能力主義管理研究会が一九六九年にとりまとめた報告書『能力主義管理―その理論と実践』（日経連弘報部）です。

ここでは「われわれの先達の確立した年功制を高く評価する」と明言し、年功・学歴に基づく画一的人事管理という年功制の欠点は改めるが、企業集団に対する忠誠心、帰属心を培養するという長所は生かさなければならないとし、全従業員を職務遂行能力によって序列化した資格制度を設けて、これにより昇進管理や賃金管理を行っていくべきだと述べています。細かく見ると、まだこの段階でも「職務の要求する能力を有する者が適職に配置されるという能力主義の適正配置が実現されれば、職務給、職能給、いずれも同じことを言い表すに過ぎない」と職務給のしっぽをくっつけているところもありますが、「能力」を体力、適性、知識、経験、性格、意欲からなるものとして、きわめて属人的に捉えている点において、明確にそれまでの職務中心主義を捨てたと見てよいでしょう。

この日経連の報告書の考え方に基づいてこの時期に確立した日本の人事労務管理の基本的な枠組みが職能資格制度です。そこでは、賃金は職能資格として格付けされた職務遂行能力に従って決定されます。問題はこの「職務遂行能力」です。

これは人事考課によって査定されますが、この人事考課は能力考課、情意考課、業績考課からなります。このうち少なくとも前二者は主観的なものです。というのは、意欲や態度を評価する情意考課だけでなく、能力考課もその労働者の顕在的能力ではなく潜在的能力を評価するということになっているからです。潜在的能力というのは客観的に判定しがたく、結果的に勤続年数が長ければ潜在能力が高まっているという評価をすることが多くなります。

しかも、実際の運用では、特に下位の資格については、ある資格に一定期間在籍することが昇格の条件となることが多く、この面からもかなりの程度年功的な運用となっていきました。「能力主義」というのは、実際には「能力」査定によって差がつく年功制を意味したのです。そして、その「差」が不可視の「能力」によって正当化される仕組みの確立でもありました。

そして、大変興味深いのは、これを契機にしてこれ以後賃金制度の問題が労使間でもはや議論にならなくなってしまったということです。口先では同一労働同一賃金を唱えながら、本音では年功制を維持したいと考えていた労働組合側にとって、日経連の転換は好都合なものだったのでしょう。政府はそうすぐに身を翻すことはできず、一九七三年一月の第二次雇用対策基本計画でもなお「職業能力と職種を中心とする労働市場の形成」を唱っていますが、同年の石油ショックで遂に態度を転換し、労働力の流動化よりも企業内部の雇用維持を優先する内部労働市場中心の政策を追求するようになり、職務給など口にしなくなります。

この使用者主導の政策転換に対応するのが、労働経済学における内部労働市場理論の興隆です。その背景には、この時期に日本社会を肯定的に評価する日本人論が陸続と刊行され、多くの読者を引き寄せていたことがありました。アメリカのエズラ・ヴォーゲル氏が一九七九年に著した『ジャパン・アズ・ナンバーワン』（TBSブリタニカ）は、戦後日本の高度成長の要因を日本的経営など日本特有の経済社会制度に求め、ベストセラーになりました。その結果、近代的な賃金制度を模索すべきだという方向で「一九三〇年代から一九六〇年代半ばまで議論は盛んに行われたにもかかわらず、その後の二〇余年間は議論が途絶してしま」いました（遠藤公嗣氏『賃金の決め方』ミネルヴァ書房）。

この時代にもてはやされたのは、労働経済学者である小池和男氏の知的熟練論でした。次項でその内容を詳しく見ていきましょう。

■宇野段階論から始まった

小池和男氏が年功制正当化のロジックを初めて展開したのは、一九六六年の『賃金—その理論と現状分析』（ダイヤモンド社）です。まず前提として、小池理論が宇野派マルクス経済学の考え方に立脚していることを理解しておく必要があります。これは宇野弘蔵氏という日本のマルクス経済学者の作った理論で、経済学の研究を原理論・段階論・現状分析という三つの段階に分け、原理論は論理的に構成された純粋な形での資本主義経済の法則を解明し、段階論は資本主義経済の歴史的な発展段階を把握し、現状分析では原理論や段階論の研究成果を前提として現実の資本主義経済を分析するものとしています。宇野段階論によれば、一九世紀の産業資本主義段階は純粋資本主義であって『資本論』で分析できるけれども、二〇世紀の独占資本主義段階は不純なものになっていき、帝国主義化していくというのです。

小池氏はこれを労働問題に応用し、産業資本主義段階に対応するのが手工的万能的熟練であり、職種別賃金率であり、クラフトユニオン（職種別組合）であるのに対して、独占資本主義段階に対応するのが「複雑化した青写真を読み、精巧化した機械の構造に通じる『知的熟練』」であり、内部昇進制と先任権制度（シニョリティ・システム）であるというのです。そして、これをもって当時通説であった日本特殊性論を否定する論拠とします。

わが国の通説は、日本の賃金や労働組合が欧米諸国に比べきわめて特殊だ、と強調している。熟練は本来企業をこえて通用し、労働者は企業間を移動できるはずなのに、日本の労働者は終身雇用によって個別企業に結びつけられ、その企業にしか通用しない「年功的熟練」をもつにすぎない。賃金は本来職種ごとにきまり、企業や年齢によって異ならないはずなのに、日本の賃金は企業によって差があり、また年齢によってはなはだしく異なる。労働組合は本来職業別あるいは産業別の「横断組織」であるはずなのに、日本の労働組合は企業別だ、というのである。

ここで日本を特殊だという基準は、欧米諸国の「実態」におかれている。あるいは、よりあいまいに「近代的」という言葉が使われている。たしかに……右の基準は産業資本主義段階では充分妥当する。だが……それらの条件が独占段階に入ってもなお支配的に存在するかは、きわめて疑わしい。近時独占段階の資本蓄積様式の研究が進み、かなり著しい変化が確かめられている。それらは労働力の性質や賃金などにはほとんど及んでいないけれども、変化がそこにも起こっていると推測させるに充分である。そしてわずかに見出された若干の事象をみると、これまで「日本的」とされていたものと少なからず類似している。吟味が要求される。……

まず労働力の性質について、「内部昇進制（job promotion）」と「先任権制度（seniority）」という現象が注目される。……先任権制度が確立するなら、労働者は原則として未経験工として入社し、勤続を重ねながらしだいに上級の仕事に進むことになる。他社に移ると勤続による利得を失うことになるから、労働者は個別企業と深く結びつく。その本質はなお吟味されねばならないが、一見日本の「年功的熟練」と似た事象が見出されてくるのである。……

勤続に応じてより上級の仕事につくのが一般的傾向であれば、賃金率が仕事ごとにきまっていても、結果的には勤続に応じても上昇する。この点を確かめるべき資料に恵まれないけれども、充分推測される。そうすると、勤続や年齢に応じて上昇する日本の年功賃金と似ていることになろう。また労働者がひとつの企業に長く勤続するなら、その賃金は企業をこえてまったく共通するとは限らないだろう。……こうした類似点は、たんに表面的なものにすぎないのであろうか。それとも、独占段階一般の傾向なのだろうか。その点の研究はまだきわめて貧しく、以下、まだ市民権を得ていない筆者の仮説——ありうべきひとつの説明を提示するほかない。

欧米諸国でも内部昇進制や先任権制度があるから、日本と変わらない、つまり日本は全然特殊ではないという議論です。後の一九八〇年代における小池理論の隆盛を知っている人からすると大変意外に見えるかもしれませんが、初期の小池氏は決して日本型雇用システムの世界史的優秀性を解き明かしたわけではなかったのです。むしろ、当時近代主義の隆盛の中で、前近代的と見なされていた終身雇用、年功序列、企業別組合といった日本的特殊性を、宇野段階論を駆使して、独占資本主義段階に適合したより現代的なあり方であると弁証することが、その趣旨であったのです。

後には小池氏自身も「超先進的」などと口走るようになりますが（小池氏「『超先進国』日本の雇用問題」『中央公論』一九七九年四月号）、少くともこの頃はそんな傲慢な姿勢ではありませんでした。

もっとも、上の引用に見るように、その実証的根拠はきわめて希薄です。欧米の先任権制度とは、ジョブ型社会を前提に、上位のポストが欠員になった時には勤続年数の長い者から昇進させ、整理解雇せざるを得なくなった時には勤続年数の短い者から先に解雇するという制度です。定期昇給で高給の中高年をたくさん作っておいて、いざリストラになると中高年を解雇の標的にしたがる日本とは全く逆の仕組みです。しかし、一九七〇年代後半以降、小池理論が日本の競争力の原因をその雇用システムの優秀性から説明するものという触れ込みで世界的に受け入れられていった際には、それがもともと日本の特殊性を否定するための理屈であったことは、ほとんど意識されることはありませんでした。

日本の特殊性を否定する理論としては、当時も今もなんら「市民権を得ていない……仮説」であったものが、日本の特殊性——競争力の源泉——を説明する理論としては国際的に市民権を得てしまったわけです。理論の社会的機能をめぐる大変皮肉な実例と言えるでしょう。

■知的熟練という万能の説明

さて、（実証的根拠の乏しいまま）日本的特殊性は独占資本主義段階の現れであると主張した『賃金』は、その年功的な賃金の上がり方の実質的理由を「能力」に求めています。この部分は、大企業では年齢や勤続とともに賃金が上がり続けるのに、中小企業ではそれが鈍化し、横ばいになることを説明する形で行われます。

この傾向を素直に解すると、五〜一〇年以上の勤続の意味が、大企業と中小企業とでは、ちがうらしい。大企業では五〜一〇年をこえても勤続年数はなお技能（広い意味での）と相関し、それゆえ賃金も上昇していくのであろう。それに対し中小企業では、それまでは技能とかなり深く相関し、それゆえやはり賃金も上昇していくのだが、それをこえると、もはや技能との相関が浅くなり、そのため賃金も鈍化ないし横ばいとなっていくのでは**あるまいか**。いいかえれば、大企業の労働能力は、一〇年をこえてもなおより高い職務へと昇りつづけるのに対し、一般的にいって中小企業の労働力は、必要経験年数が五〜一〇年どまりの職務の遂行にとどまっているのでは**あるまいか**。要するに、中年長勤続層における著しい格差は、労働能力の性質のちがいによると推測される。だから労働市場の逼迫によっても、依然格差がのこったのでは**あるまいか**。……

では、なぜ中年長勤続層では労働能力の種類のちがいが生じるのだろうか。……大企業の機械設備が中小企業に比べ概して巨大で複雑なことを想起する必要がある。……大企業の巨大な複雑化した機械体系は、……しばしばそうした「知的熟練」を強く要求している。ひとつのスイッチを押すにも、機械体系全体の仕組についての理解が要求され、そのために関連する多くの職務を遍歴してその「知的熟練」を身につける必要があり、かくして、想像以上に長い経験年数が必要とされる。……

要するに、中年長勤続層のはなはだしい格差は、おもに労働能力の種類のちがいによるものと考えられる。

「あるまいか」の連発のあげくの「知的熟練」という万能の説明！　しかし、いうまでもなく日本には欧米のような企業を超えてその職業能力を認証する仕組みは存在しません。本当に大企業の中高年労働者の能力がその高賃金に見合うだけ高く、中小企業の中高年労働者の能力がその低賃金に見合うだけ低いのかどうかを客観的に測定する物差しは、どこにも存在していないのです。小池氏の説明は、現実に存在する大企業と中小企業の年功カーブの格差を、労働能力の格差を反映しているに違いないと推測しているだけです。存在するものは合理的というヘーゲル的な論理です。

しかし、本書のここまでの叙述に明らかなように、年功賃金制の「合理的」な説明は当時ちゃんと存在していました。いうまでもなく、戦前の伍堂卓雄氏に端を発し、戦時体制下で政府の大方針となり、戦後正統派マルクス経済学が『資本論』に基づいて弁証した生活給理論です。その「合理的」な賃金体系を、しかしながら実際に実行できたのは大企業だけであって、中小零細企業になればなるほどそんな高い給料は払えないから中年になると賃金カーブが平たくなるしかないわけです。

とはいえ、現実に存在する格差を能力のちがいによるものとして正当化するロジックは、ここで小池氏がやったように大企業と中小企業の格差の説明だけに使えるわけではありません。欧米であれば、職業能力は基本的に、このジョブのこのスキルレベルという企業を超えた目に見える形で示されているので、まさに職務給における賃金格差を正当化するロジックとして活用されることになります。賃金格差はそのままジョブとスキルレベルの格差を示すわけです。ところが、ジョブという基準が存在しない日本では、賃金格差をそのような合理的な枠組みで説明できません。そこで、本当は生活給の必要性から年齢と共に上がり続ける賃金カーブを、能力差によるものであると弁証するためのロジックとして、小池理論が活用されていくこととなったのです。

日本の賃金論の歴史において、小池理論の最大の意義は、それまで生活給でもって説明せざるを得なかった年功制を、それゆえ欧米のような職務給に変えるべきだという経営側や政府による攻撃に対して理屈の上では守勢に回らざるを得なかった年功制を、欧米の職務給と同じように合理性のあるものとして、いやむしろ産業資本主義段階にとどまっている古くさい職務給に比べて独占資本主義段階にふさわしい新しい仕組みとして打ち出すことを可能にしたという点にあります。その意味で、小池理論とは総評が自力では展開できなかった職務給に対する理論的反駁を、経済理論を駆使してスマートにやってのけた（ように見えた）ものと位置づけられるでしょう。

■世界に誇る会社主義

こうして小池理論によって正当性が「論証」された日本型雇用システムは、一九七〇年代後半以後、日本経済の高いパフォーマンスによってその優秀性が「実証」されていきました。当時山のように出版された膨大な日本的経営賛美論は、「失われた二〇年」を経たいまではすべて、図書館の書庫の奥に秘蔵されるか、古書店の店頭に一山いくらで転がっています。その中で理論的に注目すべきものとして、宇野派マルクス経済学者の馬場宏二氏が一九九一年に書いた「現代世界と日本会社主義」（東京大学社会科学研究所編『現代日本社会　第一巻　課題と視角』東京大学出版会）があります。馬場氏は日本型雇用システムを中核とする社会の在り方を「会社主義」と呼び、その世界史的意義を次のように高く評価しました。

会社主義は、資本主義的競争と共同体的あるいは社会主義的関係との精妙な結合であり、それゆえに、重化学工業の確立以降の生産力的発展にとって極度に有効な機構となった。……

労働は主体である人間の能力の発露に他ならず、それゆえきわめて豊かな多様性と可遡性《ママ》——というより自己開発可能性——を秘めている。そうした可変性は、労働者の置かれた社会的システムによって方向づけられ、伸縮する。古典的な資本賃労働関係におかれた労働者は生産の一要素として疎外された労働を行うしかなかった。そこには生産力を自己開発する方向づけはなかった。会社主義のもとでは、労働者は主体として位置づけられ、むしろ競争と共同体性の両面から主体であることを強制されて、結局は資本である会社のための生産力の自己開発に向った。それゆえ会社主義は、生産力上昇のためには人類史上最高の機構となったし、また、これを越える機構を想定し難い域にまで達したのである。……

会社主義は戦後日本で現われた。経営者資本主義の特質を多分に継承しているが、決定的な差は労働者層までも「社員」化し経営参加を進めたことである。それが、いわゆる重厚長大産業の定着、品質向上を含む生産力発展を経て、いわゆる軽薄短小産業を世界に先がけて開花させることで、世界史的意義を持つに至った。

二四年経ったいま読み返すとさまざまな感慨を催しますが、もともと小池氏が決して日本の独自性を主張するつもりではなく、まったく逆に欧米も独占資本主義段階では「日本的」になるのだと主張するために創り出したロジックが、舞台の大きな転換の中で、パフォーマンスの悪い駄目な欧米社会に比べていかに日本型システムが優秀であるかを説明するためのロジックに転化されていた、というわけです。この点にこそ、学問それ自体の社会的役割に着目する知識社会学の視点から見た知的熟練論の皮肉があるのでしょう。

馬場氏が上記世界史的認識の結語として用いた「悲しき唯物史観」という言葉は、今となってはその認識枠組そのものを評する言葉としてこそより適切であったようにみえます。

■知的熟練論と女子の運命

知的熟練論の皮肉は分かったけれども、それが肝心の女子の運命にどういう関係があるのだ？　とさっきからうずうずしているそこのあなた。それを見事に説明しているのが、一九九三年に出た大沢真理氏の『企業中心社会を超えて』（時事通信社）です。彼女は小池氏の知的熟練論を、女性の立場からこう批判しています。本書全体のテーマである女子の運命にとって、本章のトピックである賃金制度が持つ意味をクリアに抉り出した一文です。

性別賃金格差の問題はここからほとんど自明のことになってしまう。女の賃金が低いのは、彼女たちに「知的熟練」がないからなのだ。……当然に生じるのは、ではなぜ中小企業労働者には、そして女性では大企業労働者であっても、「知的熟練」がないのか、という疑問であろう。……技能が高まるから賃金があがるのではなく、査定＝人事考課による個人差はあれ、ともかくも年齢につれて賃金をあげてやらなければならないからこそ、その賃金にみあう技能をつけさせようとするのだ。ただし、その労働者が男であるという条件つきで。……〝妻子を養う〟男の生活費にみあう賃金に、女をあずからせるということ自体が論外なのである。

この賃金体系を前提とするかぎり、女性正社員の勤続へのインセンティブをくじき、「若年で退社」させることは、企業にとってほとんど至上命題となる。急な年齢別賃金上昇カーブをもつ大企業ほどそうなるだろう。彼女たちを単純反復作業に釘づけにするのはその手段の一つと考えられる。

前章最後で見た結婚退職制や女子若年定年制の背後にあるロジックを、見事に摘出しています。

6　日本独自の「同一価値労働」論

■忘れた頃にやってきた「同一労働同一賃金」

さて、こうして小池氏の知的熟練論が一般化する中で、それまで熱心に議論されていた職務給が急速に死んだ犬の如く見捨てられ、同一労働同一賃金原則などという言葉も、誰も真剣に考える必要のない代物であるかのように扱われるようになっていきます。次章で見ていく日本の男女平等法制の展開も、日本型雇用システムに合わない同一労働同一賃金などという「トゲ」は慎重に抜いた上で進められていったのです。

ところが、いささか話の先取りになりますが、一九九〇年代以降パートタイムをはじめとする非正規労働者の処遇問題を契機に、再びこの問題が労働政策の表舞台に登場してきます。そして、労働組合側が（年功賃金制との関係には目をつぶったままで）同一価値労働同一賃金原則を唱え始めます。一方、この頃から経営側は再び賃金制度の転換を唱道し始めますが、その焦点はいわゆる成果主義にありました。しかし、欧米のジョブに基づく成果給と異なり、日本的な職務無限定を前提にした成果主義の試みは、労働者からの反発を招き、とても成功したとは言えません。

■経団連のいう「同一価値労働」とは？

二〇一〇年に経団連が公表した『二〇一〇年版経営労働政策委員会報告』では、非正規労働者の処遇改善をめぐって「同一価値労働同一賃金原則」について極めてユニークな考え方を示しています。

むろん、企業としては、自社の従業員の処遇に関して、同一価値労働同一賃金の考え方に基づき、必要と判断される対応を図っていくことが求められる。

詳しくは次章で説明しますが、ものごとのわかった人ほど、これを読んで仰天するでしょう。なぜなら、労働法の世界における同一価値労働同一賃金とは、同一労働同一賃金では及ばない異なる労働であっても同一価値であれば同一賃金にせよという、よりラディカルな議論だからです。世界中どの経営者団体であっても、同一労働同一賃金は当然と認めても、同一価値労働同一賃金には慎重であるのが通例です。ところが経団連の用語法では、この言葉はそういう意味ではなさそうです。

ここで、同一価値労働同一賃金の考え方とは、将来的な人材活用の要素も考慮して、企業に同一の付加価値をもたらすことが期待できる労働（中長期的に判断されるもの）であれば、同じ処遇とするというものである。

他方、同一労働同一賃金を求める声があるが、見かけ上、同一の労働に従事していれば同一の処遇をうけるとの考え方には問題がある。外見上同じように見える職務内容であっても、人によって熟練度や責任、見込まれる役割などは異なる。それらを無視して同じ時間働けば同じ処遇とすることは、かえって公正さを欠く。

これは通常の用語法における同一価値労働同一賃金とはまったく逆に、同一労働であっても（中長期的に）同一価値ではないから同一賃金にする必要がない、というロジックです。経団連以外にこの言葉をこういう意味で使っている用例は見たことがありません。

ここで経団連が「同一価値労働」という世界に通用しない表現で言おうとしていることの中身は、まさしく「同一労働力」ということであるように思われます。労働者が使用者に報酬を対価として提供する「労働」という単位でものごとを考える世界では、「同一労働」であれ「同一価値労働」であれ、「労働」単位で同じかどうかを考えるのに対して、「労働力」をまるごと提供するという発想の世界では、同じかどうかの判断は「労働力」単位でしかあり得ない、ということなのでしょう。

つまり、経団連流の「同一価値労働同一賃金原則」とは、正確に言えば「同一労働力同一賃金原則」というべきものであったわけです。ただし、その労働力の価値を計る物差しは、かつての正統派マルクス経済学者が主張したような、家族の生活費を含む労働力の再生産費ではなく、社内でしか通用しない「職務遂行能力」であるわけですが。いずれにしても、経団連は賃金を労働の価値ではなく労働力の価値と考えるという意味において、いまや世界的に珍しいマルクス経済学の実践者であるのかも知れません。

第3章　日本型男女平等のねじれ

1　欧米ジョブ型社会の男女平等

■元婦人少年局長の嘆き

日本でいよいよ男女均等法の制定作業が本格化しようとしていた一九八三年四月、当の法案担当者を含む労働省の女性官僚たちが共同執筆した高橋久子氏編『変わりゆく婦人労働』（有斐閣選書）という本があります。内容は女子雇用の動きをさまざまな角度から分析叙述した解説書ですが、その序文を元婦人少年局長で当時駐デンマーク大使だった高橋展子氏が書かれていて、当時の女性労働政策が置かれていた日本独特の状況が明確に示されています。やや長いのですが、八〇年代前半がいかなる時代状況であったかは、今の若い人々には意外と知られていないような気もするので、一つの時代の証言として、読んでいただきたいと思います。

婦人労働については、かつて労働省婦人少年局に勤務していた頃から、日本の婦人労働問題のもつ特異性について関心が強かったが、その後ＩＬＯに勤め、いや応なしに世界的な視点からこの問題をながめる立場におかれ、また近年、北欧の一国に在勤して、この地域の婦人たちの労働参加の諸様相を目のあたり見てくるに及んで、私は日本における婦人労働問題が他の工業国の場合と較べてかなり特異的なものであるという感を一層深くしてきた。

何が特異だというのでしょうか？

すなわち、日本の労働市場の原理、慣行の特異性に由来する諸問題がそれである。一般に終身雇用、年功賃金、企業内組合に代表されるわが国の雇用慣行のもとでは、一般に婦人労働者は、男子労働者と同様に、安定した雇用、勤続年数に応じた昇給、良好な労使関係を享受できる——やや類型的にとらえすぎるにせよ——反面、他の工業国には見られない困難にさらされなくてはならないのである。

まず終身雇用制あるいは終身雇用的原理のもとでは、長期勤続を期待できる男子労働者と比べて、結婚、家庭責任等のために短期に退職する可能性および確率の高い婦人労働者は、企業にとっては極めて不安定な労働力とみなされる。終身雇用原理の働かない他の工業国では、男子もいつやめるかわからないのだから、それに対応した雇用管理、人事政策が行われるので、女子の勤務年数の短いことがさして問題とはならないが、日本ではこのことは致命的なハンディキャップとなる。そこで経営者は、彼女等に男子と同じ訓練費用を投資することや責任あるポストに登用することをためらう。一方、女子側は、本格的な仕事を与えられない挫折感から、結婚や出産を好機として未練なく退職することになる。こうして鶏が先か卵が先かの悪循環がくり返される。

これは後に、日本的な統計的差別として論ずるところです。

また年功賃金制のもとでは〝若かろう、安かろう〟で、企業は若い女性（男子もだが）大歓迎である。したがって、欧米に見られる若年失業の問題は少ないが、反面、女子の長期勤続は歓迎されないという事態が起きる。女子の従事する仕事の内容と賃金額との乖離《かいり》が年とともに大きくなるからである。経営者は、女子にいつまでもいすわられてはソロバンに合わないと計算するし、同僚の男子労働者は、女子はワリが良すぎると嫉妬し、白眼視する。そこから、わが国特有の〝女子の若年定年制〟なるものも生まれる（しかも、この明白に差別的な制度の導入・維持には、企業内組合たる労組の同意・支持があるのである）。
　こうして、日本の婦人労働者は、一方でその勤務が短いことを欠点とされ、同時に長すぎるといって批難されるという奇妙な立場におかれる。賃金は、年功などにかかわりなく職務内容によって決まる、という原則の支配する他の諸国では、考えられないことである。

そう、「考えられないこと」なのです。

　女子の再就職となると、問題は一層きびしくなる。終身雇用、年功賃金、企業内組合の原則で堅固に構築されている個別企業の閉鎖的な雇用管理体制の枠組の中に、中途から正規のメンバーとして入りこもうというのは不可能に近い。夫の死亡や離婚という不測の事態に遭遇してあわてて再就職を求める女性、あるいは、子育ての時期を過ぎ、自己開発、能力発揮の意欲にもえて再就職を求める中年主婦たちにとって、その就業機会がいかに制限されているかは、周知の事実である。多くの場合、それぞれの持っている資格やかつての就業の実績は生かされないまま、パートという名の臨時的労働者としての生活に甘んじなくてはならないのが実態である。いったん家庭に入った中高年女性が、その資格経験に応じた雇用機会を与えられ、さらには、就業中断中に取得した新しい資格をひっさげて、前よりも有利な職に挑戦していく道も開けている欧米の開放的な労働市場とは、あまりにも大きな違いである。

このように見ると、日本の婦人労働者は、他の国の婦人労働者と共通する困難に加えて、日本独特の困難を背負いこんでいるといえる。しかもそれが、わが国特有の労働慣行——今や日本経済の驚異的成功の鍵として世界的に注目されている慣行——に起因するのだから、皮肉なことである。

ここから高橋氏の思考はこの「皮肉」に沈潜していきます。

思えば、終身雇用を中心とするこの雇用慣行は、かつては日本社会の後進性を象徴するものと見られ、日本の近代化が進めば自ら変化し欧米型雇用慣行に脱皮していくものと考えられていた。それに伴って、婦人労働も変わり、前述のような日本的問題点も解消されるとの予測も可能であった。が、六〇年代以降のわが国のめざましい近代化にもかかわらず、この日本的雇用慣行はなかなか変化を見せず、むしろ石油危機等を通じてその有用性を改めて内外に評価され、今日では〝三種の神器〟的地位を獲得してしまった感がある。その是非は別として、どうやらこれは日本文化の一部として定着してしまい、今後とも微調整はあるにせよ、その基本パターンは続いていくことになりそうである。したがって、婦人労働問題も、日本的特異性を今後ともひきずっていかなくてはならないことになろう。

ややあきらめムードのただようこの高橋氏の序文が書かれた一九八〇年代前半という時期は、まさに日本の女性労働者に特有の困難を背負わせている日本型雇用システムが、日本経済の破竹の大進撃を可能としている最大の貢献要因であるとして褒め称えられていた時代でした。高橋氏は谷野せつ氏の後を受けて一九六五年から一九七四年まで九年間婦人少年局長を務めた方で、その間ＩＬＯ第一〇〇号条約の批准も担当しています。この文章には、欧米型労働市場を目指して政策に取り組んでいた本省勤務時代と、日本型雇用礼賛一色に染まった「今現在」の落差に戸惑い嘆く高橋氏の思いがにじみ出ています。

■欧米社会の男女同一賃金

ここで、日本型男女平等政策がそこから乖離していったもとの形である欧米社会の男女平等政策の推移を一瞥しておきましょう。まず当然のことながら頭に置かなければならないのは、欧米でもかつては男尊女卑の意識が強く、男の職域に女が進出してくることを忌み嫌うマッチョな男たちが一杯いたということです。もともと欧米は男女平等で日本は差別的だったなどということは全くありません。何が違ったのかといえば、それは欧米はジョブに基づいて労働社会が構築されているジョブ型社会であったという点なのです。

ジョブに基づく社会では、雇用も賃金もジョブとスキルに基づいて決まります。そして、かつてはスキルが高く評価されるジョブは男性に独占され、女性は低技能、無技能のジョブに押し込められるのが通例でした。多くの場合、それは女性を組合員として受け入れようとしない労働組合自身の手によって行われました。そういう中で、労働組合が男女同一賃金を主張するというのは、決して女性のための運動ではなかったのです。

イギリス労働組合会議（TUC）が一八八八年に男女同一賃金法の制定を全国的統一課

題として取り上げたとき、それは急激に増大してきた低賃金女子労働者のために、男子労働者の賃金が引き下げられることを予防しようとする意図によるものでした。翌一八八九年に国際労働運動の一環としてパリで第二インターナショナルの結成大会が開かれたとき、国際的労働立法に関する決議の第一四項に男女同一労働同一賃金が盛り込まれたのも、「男の仕事」への「女性の侵入」を阻止するための要求として支持されたものだと言われています。

これが切実なものになったのは第一次大戦により男子労働者が多数軍事動員され、一方で戦争のための軍需産業部門が急速に拡大し、労働力不足を補うために多くの女子労働力が投入されるという事態が進行したからです。ちょうど第二次大戦期の日本で女子挺身隊などの女子労務動員が行われたのと同じです。これをダイリューションと呼びます。「希釈」（水割りすること）という意味です。女が男の職場に入ってくることを「水割り」と表現すること自体、当時の男たちのマッチョな意識をよく表しています。

彼らは女なんかに俺たち男の仕事ができるはずがないといっていたのに、やらせてみたら結構やれるので慌てたのです。安く調達できる女にもできる仕事だったら、同じ仕事をしている組合員の男たちにも同じ低い賃金を払えば良いじゃないかとなってしまいます。

ジョブとスキルに基づくジョブ型社会でそれを阻止するためには、男女同一労働同一賃金を主張するしかありませんでした。それは、できれば男の職場に女を入れたくないという気持ちに基づいた主張だったのです。

こういった流れが第一次大戦後、ベルサイユ条約に基づいて設立された国際労働機関（ＩＬＯ）において結実します。一九一九年、ワシントンで開かれた第一回ＩＬＯ総会で採択された国際労働憲章の第四一条に、「男女は同一価値の労働に対して同一賃金を受けるべきである」という条項が盛り込まれました。ちなみにこの時期には「同一価値労働」は後のような特別の意味は込められていなかったようです。この延長線上で、戦後の一九五一年には「同一価値労働についての男女労働者に対する同一報酬に関する条約」（第一〇〇号条約）が採択されるに至りました。

一方、一九五七年に欧州経済共同体（ＥＥＣ）を設立するためのローマ条約が締結された時に、男女同一賃金規定（旧第一一九条）が盛り込まれていますが、これは当時欧州統合が「ソーシャル・ダンピング」を引き起こすのではないかとフランスが懸念していたことが背景にあるといわれています。フランスに比べて他の加盟国では女性がより低賃金で働き、有給休暇が少ないため、これをフランス並みに引き上げることが競争上必要だと考えられたということです。その意味では、この時点でもなお、女性の地位向上それ自体を目的として設けられた規定ではなかったのです。

アメリカで一九六三年に同一賃金法が労働省女性局主導で制定された時も、全米自動車労組など組合側が「男女同一賃金を立法化すれば、使用者が、団体交渉により賃金が決定された組合員よりも安い賃金で雇える女性を雇うことを防止し、組合員の就労機会が阻害されないようになるというメリットがあると考えたから」（相澤美智子氏『雇用差別への法的挑戦』創文社）だったそうです。

とはいえ、ＩＬＯ条約やＥＥＣ条約、国内法という形で男女同一労働同一賃金が宣言されると、それを根拠に運動が進められていきます。一九六〇年代からとりわけ一九七〇年代に、欧米諸国では続々と男女同一賃金の立法が、そしてそれに続いて男女均等待遇の立法が進められていきました。

図表5は、男女均等法制定前に刊行された森山真弓氏『新版・各国法制にみる職場の男女平等』（東京布井出版）所載の表ですが、欧米のどの国でも男女平等法制は一九六〇年代から一九七〇年代にかけての時期に作られたことが分かります。もともと欧米だって男女平等ではなかったのです。

図表 5　諸外国の男女平等関係法等一覧

国名等	男女同一賃金関係	雇用関係	平等確保のための委員会
アメリカ合衆国	公正労働基準法（1963年同一賃金法）	1964年公民権法第7編（1972年雇用機会平等法）	雇用機会平等委員会
イギリス	1970年同一賃金法　＊	1975年性差別禁止法	機会均等委員会
フランス	労働法典（1972年男女同一賃金法）＊	刑法（1975年改正,性別を理由とする差別の禁止）	
西ドイツ	1972年経営組織法 民法（1980年改正）＊	1972年経営組織法 民法（1980年改正）＊	
オーストラリア	1969年調停仲裁委員会の賃金裁定に男女同一労働同一賃金の原則を導入＊	性差別禁止の National Policy 各州法の中に性差別禁止規定＊	全国雇用及び職業差別禁止委員会
カナダ	労働法典（1971年改正）＊	1977年カナダ人権法＊	カナダ人権委員会
アイルランド	1974年賃金差別禁止法＊	1977年雇用平等法	雇用平等機関
イタリア	1977年労働に関する男女同一待遇法＊	1977年労働に関する男女同一待遇法＊	
ベルギー	1975年同一賃金協定（勅令により強制力を有する）＊	1978年経済改革法第5編（雇用等に関する男女の平等待遇）＊	
デンマーク	1975年同一報酬法　＊	1978年雇用等に関する男女平等待遇法＊	男女平等委員会
スウェーデン	1960年 LO（スウェーデン全国労働組合）と SAF（スウェーデン経営者同盟）との間に同一労働同一賃金に関する協約を締結＊	1980年労働生活における男女間の平等に関する法律＊	男女平等委員会
ILO（146 カ国）	1951年第100号条約（同一価値の労働についての男女労働者に対する同一報酬に関する条約）	1958年第111号条約（雇用及び職業についての差別待遇に関する条約）	
EC（9カ国）（欧州共同体）	1957年ローマ条約 1975年同一賃金に関する EC 指令	1976年平等待遇に関する EC 指令	

注 1)　＊印は、ILO 条約を批准していることをあらわす（1980 年 5 月現在）。
注 2)　EC 加盟国は、ベルギー、ルクセンブルク、オランダ、西ドイツ、イタリア、フランス、イギリス、デンマーク、アイルランドの 9 カ国である。ただし、その後ギリシャが加わっている。

象徴的な例を一つ挙げておきましょう。イギリスで男女同一賃金法ができたのは一九七〇年ですが（施行は一九七五年）、一九七三年に原著が出たロナルド・ドーア氏の『イギリスの工場・日本の工場』（筑摩書房）には、こんな記述が平然と出てきます。日本と比べたイギリスの特徴を述べているところですが、

支払いはやっている仕事（現実にか、擬制的にかは問わない）に対してであり、なしうる仕事に対してではない、という原則は、かなり一般的に受け入れられている（より正確にいえば、やっている仕事に相当する額に、男子ならば男性係数、女子ならば女性係数を乗じた額を受け取る）。

ジョブ型賃金であっても男女に明確な格差があります。時給決定要因は次の三つです。

（一）労働者の性別――これは唯一の帰属的特質（ascribed characteristic）である。熟練度にはかかわりなく、女子は男子の賃金の三分の二以下の額しか受け取っていない。これはまったく同じ仕事をしていてもあてはまる。

（二）資格。これは労働者の待遇を決定する基本的な基準となる。
（三）実際に行っている仕事の性質。

これが差別だからけしからんではないか、というような意識は、少なくともこの頃のイギリスの職場には余りなかったようです。

■人種差別主義者が作った男女平等法

男女同一賃金とは、男女平等のためじゃなくて男女分離のためだった……という話で既に頭が混乱しているかも知れませんが、さらに読者を困惑させる話をしておきましょう。先の図表5を見ると、男女同一賃金を超えて雇用関係の差別禁止を規定した法律を世界で最初に作ったのはアメリカであることが分かりますが、この法律、一九六四年の公民権法（その第七編が雇用差別の禁止）というのは、もともと女性のことなんか全然考えていなかったのです。上記相澤氏の著書でざっと見ておきましょう。

ご承知の通り、アメリカという国は長く黒人奴隷を利用してきましたし、南北戦争後に奴隷解放が行われた後もとりわけ南部における黒人差別は激烈なものがありました。それゆえに、人種差別をなくすことは進歩的な人々にとって最重要の課題でした。幅広い公民権運動の結果、ケネディ政権下で公民権法の制定に向けた議論が進められ、一九六四年ジョンソン政権下で制定に至ったわけですが、そこで問題の焦点であったのは徹頭徹尾人種差別でした。最後の瞬間に至るまで、公民権法案に「性別」という文字はなかったのです。

ではどうして「性別」が入ったのか。大変皮肉なことに、法案が下院本会議を通過する二日前に、南部ヴァージニア州選出のハワード・A・スミス上院議員が、既に法案に含まれていた人種、皮膚の色、宗教、出身国という差別禁止理由に、性別という事由を加える修正を提案したのです。これは人種差別を禁止する法案を廃案に追い込むためになされたものだといわれています。人種や皮膚の色等だけでは議員の多数の賛同を得てしまうでしょうが、そこに「性別」を忍び込ませておけば、「男女平等なんて馬鹿な話があるか」と反対する議員が増えて、結果として法案が否決されるだろうと見込んでいたらしいのです。

ところが、事態はスミス議員の思惑を超えて展開していきます。スミス修正案は南部の人種差別派だけでなく、男女平等を求める女性議員の票も集めて委員会で可決され、さらにその二日後、その修正を含む法案が、スミス議員の想定に反して本会議で可決されてしまったのです。瓢箪から駒みたいな話ですが、世界最初の男女雇用平等法は「人種差別主義者とフェミニストとの奇妙な連携」（上記相澤氏著書の表現）により実現したというわけです。

■「女の職種」を評価する

さて、ここからが重要です。いかに最初の意図は別なところにあったとしても、法律で男女同一賃金や男女差別の禁止が規定されれば、それらはそれ自体のロジックで動いていきます。しかしそれらが動いていく労働社会は、繰り返し言いますが、ジョブに基づく労働社会です。そして、これまでは男性が高技能、高賃金のジョブに集中し、女性は低技能、低賃金のジョブに集中していました。同一労働同一賃金原則それ自体は、そういう男女間のジョブの分離に対しては何の力もありません。同じジョブには同じ賃金といっているだけなのですから、異なるジョブに異なる賃金を払うのは当たり前です。しかしそれでは低技能、低賃金ジョブに押し込められている女性を救うことはできません。

ある意味では今日に至るまで、欧米社会における男女平等問題の悩みの種はこの性別職務分離（ジョブ・セグレゲーション）にあります。これを解決するために、欧米社会で進められてきたのが、賃金面では同一価値労働同一賃金であり、雇用面ではポジティブ・アクションです。

前章の最後で、経団連の同一価値労働同一賃金論に触れましたが、日本の経団連以外で通用するこの言葉の意味は、同一労働同一賃金よりもはるかにラディカルなものです。男性と女性が異なるジョブに分かれてしまっている場合、同一労働同一賃金原則では両者の間にどんな格差があろうが問題にすることはできません。そこで、異なる職種であっても「同一価値」の仕事であれば同じ賃金を支払うべきだと主張することによって、とかく低く評価されがちな「女の職種」を正当に評価しようとする運動です。アメリカでは「コンパラブル・ワース」、カナダでは「ペイ・エクィティ」と呼ばれていますが、日本では欧州由来の「同一価値労働同一賃金」という言い方が一般的です。

ただ、そもそも現在異なる値段（賃金）がついている異なる職種について「同一価値」であると評定するというのは、そんなに簡単な話ではありません。あるジョブがどれくらいの価値があるかを判断する職務評価それ自体の中に、「これは男の仕事だから高く評価しよう、これは女の仕事だから低く評価しよう」という気持ちが無意識のうちに入り込んでいるのでそれを是正しようという話ですから、特に産業別の労働協約でジョブごとの賃金を決めるのが普通の欧州諸国では、労使の決めた賃金をひっくり返そうということになり、抵抗も強いのです。

ＥＵ（当時はＥＣ）では一九七五年に男女同一賃金指令を制定する際、欧州議会が職務評価における男女差別を指摘したこともあり、「同一価値労働」という言葉が盛り込まれました。どんな場合にこれが使われるのか、ＥＵ司法裁判所の判例から一九九三年のエンダービー事件判決を見ておきましょう。イギリスのフレンチェイ病院に勤務する言語療法士（主任三級）のパメラ・メアリ・エンダービー氏（女）の年俸は同僚の薬剤師（主任三級）の年俸よりも四割も低かったのですが、言語療法士はほとんどが女性で、薬剤師は大部分が男性であったため、差別だと訴えたのです。両職種の賃金はそれぞれの職種ごとの労使交渉により労働協約で決められていたもので、イギリスの労働審判所も控訴審判所も差別ではないと棄却していたのですが、ＥＵ指令に関わる問題は最終的にはＥＵ司法裁判所の判断を仰ぐ必要があり、結果的に「賃金格差に客観的に正当な理由があることを証明すべき責任は使用者側にある」とされました。労働協約交渉で決定されたということは格差の客観的に正当な理由にはならないというのです（濱口桂一郎『増補版　ＥＵ労働法の形成』日本労働研究機構）。

しかし、労使交渉で（男女を問わず）この仕事はいくら、あの仕事はいくらとちゃんと決めていてもひっくり返されてしまう恐れがあるのですから、なかなか大変です。こんなラディカルな概念を軽々ともてあそぶ日本の経団連の姿は、他国の経営者団体から見ると仰天すべきものに見えるでしょうね。

とにかく女性を優先せよ!

男女間のジョブの分離に諸悪の根源があるのなら、同一価値労働などと持って回ったことをやるよりも単刀直入に、これまで男に占められてきた職域に女を増やそう、という考え方も出てきました。形式的には機会均等に反する女性優遇をしてこそ、実質的な男女平等が実現するのだ、というわけです。アメリカではアファーマティブ・アクション、欧州ではポジティブ・アクションと呼ばれています。EUではこれをめぐって条約改正に至る大きな政治問題になったことがあります。

舞台はドイツです。以下の話を読む際には、ドイツは生粋のジョブ型社会であるということを念頭に置いてください。組織内のあるポストに誰かを昇進させるのも、採用と基本的に同じであって、欠員募集に応募した候補者の中から職業資格でみてもっとも相応しい人をそのポストに充てるのです。なんだかよくわからない基準で人事部がぐるぐると人事異動させる日本社会の感覚とはまったく異なります。

さて、ブレーメン市公園部の課長ポストの採用の最終選考に残ったのは、同部に勤務するエックハルト・カランケ氏（男）とハイケ・グリスマン氏（女）でした。カランケ氏は園芸学と風景庭園学の学位を持ち、一九七三年から公園部で園芸係として勤務し、課長補佐を務めていました。グリスマン氏は一九八三年に風景庭園学の学位を取得し、一九七五年から公園部で園芸係として勤務してきました。これだけ見たらカランケ氏の方が優勢そうですが、市当局は男女候補者が同等の資格を持つ場合には比率の少ない性（この場合は女性）に無条件で優先権を与えるというブレーメン州の均等法に基づき、グリスマン氏を昇進させたのです。

収まらないカランケ氏は、労働裁判所に訴えましたが敗訴して、控訴労働裁判所に控訴、さらに連邦労働裁判所に上告し、一九九五年にEU司法裁判所の判決が出されました。これが「採用・昇進において女性を無条件で優遇する制度は男女均等指令違反」と判示したことで、今度は政界が大騒ぎになりました。欧州議会の女性の権利委員会の議員たちを始め、女性団体が猛烈に反発し、これがめぐりめぐって一九九七年のEC条約改正に、「職業生活の慣行における男女の完全な平等を確保するため、加盟国がより少数の性が職業活動を追求することを容易にし又は職業経歴における不利益を防止し若しくは補償するために、特定の便宜を提供する措置を維持し又は採用することを妨げない」というポジティブ・アクション規定が盛り込まれるに至りました。

同じ一九九七年に、またもドイツから似たような事件が飛び込んできました。ノルトライン・ヴェストファーレン州の総合制中等学校の教師（Ａ一二級）であったヘルムート・マルシャル氏（男）が、一級中等学校で教えることのできるＡ一三級ポストへの昇進に応募したのですが、人事当局が女性の候補者を優先昇進させたために訴訟を起こしたのです。ところが今度は、ＥＵ司法裁判所は「本件では女性に無条件の優先権を与えるものではなかった」として、同州のポジティブ・アクションを正当と認めました（濱口前掲書）。

とにかく、ジョブ型労働社会を前提にして、男女同一労働同一賃金はあまりにも当然ではあるけれども、それだけでは男女間のジョブ分離はいかんともしがたいので、同一価値労働同一賃金だとか、ポジティブ・アクションといったいささか問題を孕んだ政策を進めているというのが、日本以外のジョブ型社会の男女平等政策であるということを、ここできちんと理解していただかないと、話が次に進みません。

2　均等法を作った女たち

■「女たちの10年戦争」

かつてＮＨＫで人気のあったドキュメンタリー番組に「プロジェクトX～挑戦者たち～」があります。オープニングテーマの「地上の星」、エンディングテーマの「ヘッドライト・テールライト」、ともに中島みゆきの歌声で始まり終わる四三分を楽しみにしていた人々も多いでしょう。登場するのは圧倒的に男たちであり、田口トモロヲの独特の「男タチハ立チ上ガッタ」というナレーションが入るのですが、極めて例外的に女たちが主人公になった回がありました。二〇〇〇年一二月一九日に放送された「女たちの10年戦争～『男女雇用機会均等法』誕生～」です。

就職、昇進、定年など職場における男女の平等をうたった日本初の法律「男女雇用機会均等法」。法律を作り上げたのは、赤松良子をリーダーとする労働省の女性官僚たちだった。法案作りは、経営者側と労働者側の意見が真っ向から対立するなど、国会の期限ぎりぎりまでもつれた。番組では、さまざまな困難な壁を乗り越えて「男女雇用機会均等法」を作った女性たちの、知られざる格闘を描く。

これは今でもNHKアーカイブスで視聴できますので、是非ご覧になってください。当時の婦人少年局長赤松良子氏の一代記といった風情もあります。活字本では赤松氏の『均等法をつくる』（勁草書房）が必読です。これらを見たり読んだりすれば、理解のない男どもの猛烈な抵抗をはねのけて、彼女らがいかに女性の権利のために頑張ったかという英雄物語に感動しないわけにはいきません。以下ではその流れをごく簡単に見ていきますが、その際、今まで述べてきた雇用システム的視角を頭の片隅で意識しておいてください。それが次節の話に移った時に生きてきます。

■労働省女性官僚　赤松良子

戦前は、第1章で見た谷野せつ氏のように、判任官に任用される女性はいましたが、高等文官試験に合格したいわゆるキャリア組はいませんでした。戦後女性にも受験資格は開放されましたが、合格しても採用する省庁はほとんどありませんでした。例外的に毎年女性を採用しつづけたのが労働省ですが、その理由は婦人少年局に女性用の局長ポストや課長ポストがあったからです。第一号は一九五〇年入省の森山真弓氏で、一九七四年から一九八〇年まで婦人少年局長を務めたあと、政治家に転じました。赤松良子氏は高橋久子氏と共に一九五三年に入省し、どちらも婦人少年局長になっています。

しかし当時は労働省といえども女性を活用しようという意識はあまりなかったようで、婦人少年局に塩漬けにされた若き赤松氏は鬱屈した思いを抱いていたようです。広島婦人少年室長から中国電力で女性のキーパンチャーに二五歳の若年定年制を設ける労使協定を結んだという訴えにどう対応すべきかと問われた赤松係長が、「合理的理由なしに女性を差別するものであるから、憲法の趣旨に反し、公序良俗に反して無効」という原案を作って上に上げたけれども、当時の谷野せつ局長が同意せず、結局「憲法の趣旨に鑑みても好ましくない」という局長通達(一九六五年四月二四日婦収第二〇六号)になってしまったというエピソードがあります。その後前記住友セメント事件判決が出て、赤松氏は青杉優子というペンネームで「結婚退職制度は違憲」という判例評釈を書いて憂さを晴らしたそうです。

■努力義務になった均等法

さて、日本で男女平等政策が動き出す原動力はなんといっても国連の動きが大きいものでした。一九六七年の国連総会が婦人差別撤廃宣言を採択し、一九七五年を国際婦人年と定め、一九八五年までの一〇年間の世界行動計画が採択され、この一〇年間が国連婦人の一〇年と呼ばれるようになりました。一九七九年には国連総会で「婦人に対するあらゆる形態の差別の撤廃に関する条約」が採択されています。日本政府は一九八〇年七月に同条約に署名し、後に中曾根康弘首相と安倍晋太郎外相は、一九八五年までに批准できるよう条件整備を行うと国会で答弁しました。これが、男女平等法制を作らなければならないという外圧として効果を発揮することになります。

国内的には、一九六九年に設置され、一九七八年に報告書をまとめた労働基準法研究会が出発点になります。森山局長時代の同報告書は、募集・採用から定年・解雇に至る男女差別を禁止し、行政救済を図ることとともに、母性保護を除く女子保護規定（時間外・休日労働、深夜労働、危険有害業務の禁止）は原則廃止するという明快な立場を打ち出すものでした。これは国連の条約の思想とも合致しています。女性だけを保護するということはやめ、労働者保護はすべて男女共通にするというのが世界の流れであったのです。

しかしその後、議論が公労使三者構成の場に移ってからは、そういう明快な図式でものごとが進まなくなっていきます。一九八五年までに条約を批准するためには一九八四年の国会に法案を出さなければなりませんが、審議会の議論はいつまでも堂々巡りをしていたのです。一言でいえば、経営側は男女平等にするのなら女子保護規定は全部なくせと主張し、労働側は女子差別を罰則で禁止し、保護は男女共通規制にすべきと主張していたのですが、その背景事情はもう少し複雑でした。つまり、このロジックからすれば、経営側は女子保護がなくなるなら男女平等を受け入れるはずですし、労働側は男女共通規制に向けて力を入れるはずですが、必ずしもそうではなかったのです。この点は、雇用システムとの関係で論ずる必要があるので、項を改めて述べます。

結局、業を煮やした婦人少年局サイドは、公益委員意見に労使双方の意見を付記した三論併記という形で建議をまとめ、国会に法案を提出しました。この間のさまざまないきさつは上記プロジェクトXや『均等法をつくる』にビビッドに描かれ、中には手に汗握る場面もあったりしますが、それらは是非NHKアーカイブスでご覧頂くこととし、最終的に一九八五年五月に成立に至ったことだけ述べておきます。

この時にできた男女均等法は、募集・採用から配置・昇進に至るまで努力義務にとどめ、教育訓練や福利厚生の差別禁止も一部に留まり、明確に禁止されたのは既に判例法理で確立していた定年・退職・解雇といった分野だけでした。また、労働基準法の女子保護規定も、ブルーカラーはほぼ従前通り、ホワイトカラーも最終段階で省令で規制するなど、条約の理想像とはかけ離れたものとなりました。どちらも労使の抵抗によるものですから、保護をかなり残す代わりに平等もあまり進めないというのは当時の労使自身の判断だったと言えましょう。

3　日本型雇用・アズ・ナンバーワン

■財界はなぜ均等法に反対したのか？

ここではまず、経営側が男女平等に消極的であった理由について見ていきます。上記赤松氏の『均等法をつくる』には、当時の稲山嘉寛経団連会長の「参政権なんかもたせるから、歯止めがなくなっていけませんなあ」などという超時代錯誤な発言も出てきますが、日経連の反対理由はこういうものでした。

日経連では、加盟企業や地方組織、各県の経営者協会などから意見を聞いて対応すべしということになり、アンケートを出したところ、法制化に反対という意見が多かったという。当時の経営者のかなり多くが「平均勤続年数は男女間で明らかな差がある。男子労働者は生涯同じ企業で働くが女子はそうではない。その違いを基に企業の賃金体系、労務管理方法を組み立てている。男子は基幹労働、女子は補助労働を原則として日本の（世界に冠たる）終身雇用制度が維持されている。これを変えることは望ましくない。また男女平等に女性の待遇をあげれば人件費があがり、企業の競争力が低下する。一方女子労働者は勤労意欲が低く、労働保護法規に甘えている。すべからく女子保護規定をなくすことが先決である」等々と考えており、他の先進国がどうであれ、わが国の雇用慣行や意識を変えるべきではないとの主張も少なくなかった。

見ての通り、女子保護規定の廃止が先決という世界の経営者に共通の議論もありますが、メインの主張は、終身雇用や年功序列賃金といった日本的雇用慣行はすばらしいものだから断固維持すべきであり、それなるがゆえに、日本的雇用慣行に悪影響を及ぼす男女平等には反対、という特殊日本的なロジックでした。他の諸国でも男女平等に反対する男たちは山のようにいましたが、少なくとも経営者側がこういうロジックでもって反対に回るというような状況は、（日本的雇用慣行は他の諸国にはないのですから当然ではありますが）世界広しといえども見当たらないようです。

当時の機関紙『日経連タイムス』にも、こうした論調は繰り返し登場しています。一九八四年三月一日号の「主張」は、「容認出来ぬ『男女平等』試案」と題して、こう述べます。

罰則はないが強制される以上、差別と判定されればその扱いは直ちに無効となり、その企業の慣行からみれば全く新しい対応を直ちに迫られることとなるだろう。しかし企業内の雇用管理は終身雇用慣行の下に長い間かかって築き上げてきた仕組みである。しかもそれは女子自身の職業意識や就業形態、さらに一般の社会通念とも整合性をもったものであって、現在までそれなりの合理性をもってきたものである。試案のように強行規定によって現状の急激な変革を求めることは、企業内に重大かつ無用の混乱を起こし、ひいては企業の活力を減殺するものであって、われわれとしては到底容認できないのである。

ここで批判されている公益委員試案は、募集・採用は努力義務にとどめたものの、配置・昇進、教育訓練、福利厚生などはすべて差別禁止とするものでした。経営側が容認できなかったこの案は、結局三月一五日号の「主張」のいうように、出口を除けばほとんど努力義務という形に落ち着きます。

雇用における男女平等問題は、現在までの雇用慣行を根底から変革することになるので、つくられる法律はできるだけ衝撃を柔らげるような、いわば軟着陸ができるような努力規定程度に止めておくべきだと、われわれは主張してきた。……

終身雇用、長期勤続を基本的慣行とするわが国の雇用の場において、その慣行になじみにくい女性を男子と全く同じように扱うことは、そう簡単にできることではない。……当面は余り高のぞみせず、無用の混乱をさけるため、まず、条約批准の要求する最低限の規定を定めることを目指すべきである。

この「雇用慣行」、私がメンバーシップ型と呼んできた仕組みの心理的側面を、当時日本生産性本部の「女子労働化と賃金・雇用問題研究委員会」の報告書はこう述べています。

やや長いですが、問題の本質を余すところなく物語っていますので、一つの歴史資料としてじっくりと読んでください。

企業と社員、従業員といわれる労働者、この両者は雇用契約の締結によってはじめて関係が生じることになる。男女を問わず、就職するあるいは採用するという行為によって、企業と社員の間に親和的な関係、すなわち、ある意味では婚姻にも似た強い結びつきが形成されていくことになるのである。

最近わが国において種々論議されている男女雇用機会均等を考える場合、まず問題とされなければならないことは、わが国においては、企業と女性労働者の親和性が一般に男性のそれに比して強くないという事実である。すなわち、男は外で働き、女は内を守るといった永い間の社会規範を看過することはできないのである。男性の場合は、今でもおおむね就職に際し、男子一生の仕事として企業を選び、そこに一生涯を託す気概が当然であるとされてきている。一方、女性の場合は、家庭生活に入るまでの社会生活体験の場として位置づけられがちであり、その結果として仕事に対する姿勢に男性ほどの積極さが見られなかったといえよう。企業側においても低賃金で新陳代謝がスムーズにいき、補助的な労働力としてみなすことをもってよしとしてきたこともある。このようなことから、歴史的、社会的、風土的に男女間の役割分担的な土壌が形成されてきたものと思われる。……わが国労使関係において、女性は男性と比較して企業に対しての親和性が現実態において希薄であるということを前提にして出発しなければ、男女雇用機会均等は、現実性を欠き、上すべりした無理な形での展開となってしまうであろう。その結果、企業が過度な負担を強いられると同時に女性も不本意な負担を強いられ、期待にそぐわない結果に終わりかねないということをまず考えておかねばならない。

そもそもここでいう男性労働者と企業の間の「婚姻」まがいの「親和性」自体、日本以外のジョブ型社会には存在しないものであるわけですから、いかに世の中に「男は外で働き、女は内を守るといった永い間の社会規範」があっても、それが本来利潤を追求する企業行動自体を左右するわけではありません。ここで露わになっていたのは、ジョブ型社会では（マッチョな男たちの抵抗はあっても）「現実性を欠き、上すべりした無理な形での展開」になりえない男女平等が、メンバーシップ型社会では企業経営の根幹を揺るがすものになってしまうという、雇用システム論的難題であったわけです。

■とても日本的な統計的差別

このあたりの機微を、日本の労働経済学者はアカデミックな用語法で「統計的差別」と呼んできました。小池和男氏の『仕事の経済学（第三版）』（東洋経済新報社）から関係する部分を抜き出してみましょう。

第1の傾向すなわちどの国にもみられる男女間格差には、すでに説明力の高い理論が存在する。いうまでもなく統計的差別の理論 Theory of statistical discrimination であり、女性の働く能力になんの偏見もなくとも、企業が効率をもとめて行動するかぎり男女差別が生じる、という理論である。……道義的な視点から反発はつよいが、ふつう考えられるよりはるかに現実的な基盤があり、ぜひとも吟味しなければならない。もともとは1960年代アメリカ社会をゆるがせた白人と黒人の差別を説明する理論として構想されたが、男女差別にも十分適用できる。この理論をよく検討しないと、すぐさま日本の遅れといった非生産的な議論に終始し、差別のいちじるしい合理性をふまえてはじめてみえてくる対策がまったくわからない。

男女差別について展開すれば、統計的差別の理論はつぎの3条件を前提する。第1、平均して女性は男性より勤続が短く、そのことは統計的に明白だ（この前提ゆえにこの理論の名がある）。第2、女性のなかにも長くつとめる人ももちろんいるけれど、それを事前に見分けるのは容易ではなく、かなり手数とコストがかかる。第3、高い熟練を要する仕事で、その技能形成に企業内での中長期のＯＪＴを要する。ときに企業特殊熟練という条件を強調する見解もあるが、うえの3条件さえあれば、十分成立する。

これを読むと、アメリカ由来の理論のはずなのに企業内の長期のＯＪＴとか日本独特の条件が入っているのはおかしいと感じませんか。前章で見たように、小池理論では宇野派マルクス経済学に基づいて、独占資本主義段階の欧米はだんだん日本化してくるという想定なので、矛盾は生じないのでしょうが、そう考えない人々まで矛盾を感じなかったのは不思議です。実は、アメリカで統計的差別理論を作りだしたケネス・アローやエドマンド・フェルプス（いずれもノーベル経済学賞受賞者）のもとの論文を見ても、こんなことは書いてないのです。

どちらも主として人種差別を念頭に置いて理論を組み立てているのですが、労働者の能力（日本的な「能力」ではなく、端的にそのジョブを遂行する能力のことです）は外部からは見分けにくいので、その外見的な属性でもって雇用上の判断をしてしまうという現象を指しています。わかりやすくいえば、黒人には能力の低い者が多いので（あるいは平均値は変わらなくても、分散が大きい＝とんでもない食わせ物に当たる可能性があるので）、いちいち個別に能力を確認するコストをかけずに黒人だというだけで採用対象から排除してしまう、ということですね。しかし、いうまでもなくこれは社会全体としては非効率な意思決定です。ミクロな能力測定コストの節約のために、マクロには優秀な人材を浪費してしまうわけですから。アメリカの統計的差別論には、それゆえそれを「市場の失敗」として公共政策の介入によって是正しなければならないという含意があります。この点を強調するのが遠藤公嗣氏の「日本化した奇妙な統計的差別論」（『ポリティーク』第三号）です。

しかし、問題はむしろ価値判断以前に、ジョブ型労働社会を前提に、採用時の能力が見分けにくいことに基づくアメリカの統計的差別理論を、メンバーシップ型労働社会を前提に、将来の勤続年数が見分けにくいことに基づく特殊日本的統計的差別論に換骨奪胎してしまっている点にこそあるように思われます。アメリカでは不当なものという含意の強い統計的差別論が、日本では仕方がないとか当然だといった含意で語られがちになるのも、その議論の前提が異なっている（にもかかわらずそれがきちんと認識されていない）からなのではないでしょうか。

この認識は、しかし本章冒頭の高橋展子氏では明確ですし、さらにもっと以前、夫と離婚してアメリカに留学し、日本に戻って電電公社で船橋電報電話局電話運用課長に就いた影山裕子氏が、一九六一年に『人事管理とその背景』（日刊労働通信社）で指摘していたことでもあります。この「常識」を学界からかき消してしまったのですから、小池理論の影響力がいかに大きかったかがわかります。

「女の子はお茶くみと雑用しかできない。男性より能力が劣る」と固く信じて疑わない封建的で頑迷固陋な人々が女性の企画的管理的ポストへの昇進をさまたげている大きな障害であることは言うまでもありませんが、また、使用者の立場にたって考えてみるとそのいい分にも多少無理のないところもあります。たとえば使用者は女性を将来の幹部の卵として採用しない、または企業内訓練に参加させない理由として「女性は結婚すれば退職するから」といいますが、結婚して退職する女性の多いことはたしかです。一つの企業に一生勤めている終身雇用制度があたりまえのわが国では、途中で退職する可能性のある人は重大な欠点を持っていると考えられ、また女性が一般的に退職の可能性が大きいからという理由で「女子は採用しません」といって就職のチャンスさえ与えない傾向があります。ところがアメリカでは男性も女性も一つの企業に一生つとめている訳ではありません。……企業が人を採用するにあたって長く勤めているか否かを問題にしないのです。これは女性にとって非常に有利な環境です。将来の幹部の卵として採用した女性が、家事上の都合で退職することになったとしても使用者は別に気にかけないでしょう。同じ時期に入社したB君も、ついさきごろ退職したばかりなのですから。

■ジョブなき「コースの平等」へ

改めて日本における男女平等政策の推移を振り返ってみると、それ自体、つまりマッチョな男性優位の社会から男女平等な社会へというベクトル自体は、一九七〇年代から八〇年代というほぼ同時期に、欧米社会と共通の同時代的な課題として遂行する状況にあったにもかかわらず、それ自体とは別の軸、すなわち労働社会の基本原理を欧米社会と同様のジョブにおくか、それとも日本独特のメンバーシップにおくかという対立軸において、この時代が著しく後者への志向が強まった時代であったことが、余りにも多くの点において大きな影響を及ぼしたと言ってよいでしょう。

もちろん、欧米でも日本でも、原理的に男女平等に反対する議論は後を絶ちませんでした。男女均等法案が国会に提出される直前の一九八四年四月に発売された『中央公論』五月号に長谷川三千子氏が載せた「『男女雇用平等法』は文化の生態系を破壊する」はその典型で、世の多くの男性たちの喝采を浴びました。当時、埼玉大学助教授（哲学）という肩書きを隠して「主婦・教員」と称した彼女に対して、「女の分際で天下国家の法律論に口を挟むとは生意気だ」と叱りつける日本男児は居なかったようです。いずれにしろ、こじらせ文学部女子好みの「文化の生態系」とやらではなく、日本型雇用システムという「経済の生態系」の問題であるからこそ、上で見たように日経連をはじめとする経営者サイドは猛烈に反発したのですし、何人もの経済学者がこのとき長谷川論文を賞賛したのも、欧米流の男女平等政策が日本経済の強みを潰しかねないという危惧感が背後にあったのでしょう。

それにしても、一九五〇年代や一九六〇年代にはあれだけ日本的な雇用慣行を批判し、欧米型の職務給への移行を唱道していたはずの経済団体や経済学者たちが、一九八〇年代には声を揃えて日本型雇用の優秀性を叫び、それを少しでも崩すかもしれない危険性に対して過剰なまでの警戒感を露わにするに至っていたことは、時代精神というものが結構短期間に移ろいゆくものであることをよく示しています。

こうした時代精神は、労働政策自体をも色濃く彩っていました。私は『労働法政策』（ミネルヴァ書房）の中で、一九七〇年代半ばから一九九〇年代半ばまでの二〇年間を、内部労働市場志向の「企業主義の時代」と呼びましたが、男女均等法が制定された一九八五年というのはそのちょうど真ん中、日本型雇用礼賛が最高潮に達した時期であったのです。

この時期に世界共通の課題として男女平等政策が進められたわけですが、当然のことながらそれは上述のような日本型雇用礼賛の強烈な磁場の中で進められざるを得なかったのです。すなわち、欧米社会であれば当然の前提である外部労働市場の同一労働同一賃金原則ではなく、企業内で女性労働者を男性労働者と平等に終身雇用慣行の中に組み込んでいく雇用管理政策という形をとらざるを得ませんでした。わたしはこれを、欧米型の「ジョブの平等」と対比して、ジョブなき「コースの平等」と呼んでいます。女性正社員にも男性正社員と同様の「コース」をたどって昇進昇格していく機会を与えること、それが、日本型雇用礼賛時代の真ん中で進められた男女平等政策が取ることのできた唯一の細道であったのです。

4 「総合職」と「一般職」の登場

■コース別雇用管理の導入

大企業を中心として、男女均等法に対応すべく導入されたのがコース別雇用管理といわれるものです。これは通常、総合職と呼ばれる基幹的な業務に従事する職種と、一般職と呼ばれる補助的な業務に従事する職種を区分し、それぞれに対応する人事制度を用意するというものです。「職種」と言っても、いかなる意味でもジョブとは関係がなく、要はそれまでの男性正社員の働き方と女性正社員の働き方をコースとして明確化したものに過ぎません。ただ、女性でも総合職になれるし、男性が一般職になることも（実際にはほとんどありませんが）あり得るという仕組みにすることで、男女平等法制に対応した人事制度という形を整えたわけです。

この背景には、男女均等法制定以前から女性の長期定着化が進みつつあったこともあります。当時の金融機関の経営者の発想をあからさまに語った当時の文章を引用しておきましょう（桜井稔氏「変化に直面する金融機関の人事労務管理」『相互銀行』一九八五年一〇月号）。

（男女雇用機会均等法の）最大の影響は、女性なり社会の意識変化を引き起こすだろうということです。今でも女性の職場進出が目立っていますが、……今でも辞めなくなっている女の人が、一層辞めなくなるということです。

ところが困ったことに、銀行の人事管理には建前と本音がいろいろあります。……給与システムとか退職金システム等も、ある一定年齢で女性が辞めてくれることを前提にして制度ができています。従って女性が長く居続けたら、システムは崩れてしまいます。ですから将来を考えた場合、女の人が辞めなくなることを前提としたシステムを構築しないと対応ができなくなります。

これまでの銀行の賃金システムはどうなっていたのかと言いますと、男子の処遇を念頭に置いて職能資格制度を導入していましたから、入社後、年齢とともに経験も積み、努力もし、能力も上がっていくということで賃金も右上がりに上がってゆくようになっていました。……

一例として、A君とB子さんの二人がいて、学校の成績もほぼ同じぐらいで似たような能力であり、共にいい仕事をしているとしますと、当然、賃金は同じカーブで上がってゆきます。

ところがB子さんが数年後に結婚したとしますと、日本の場合、家事責任はB子さんに掛かってきます。しかも子供が生まれれば、当然、事務処理能力のダウン、銀行に対する貢献度のダウンは避けられません。従って、ある時点で賃金が下がるというシステムを入れざるを得ないと思います。

ところが……職能資格制度の本質は、総て上がる哲学しかないのです。……横這いになるとか下がるという考え方は一つも入っていないのです。そういう制度の中で、家事の面倒をみなければなりません。赤ちゃんの面倒もみなければなりません。従って銀行で働く分はちょっと落ちますという女性を総てが上がる職能資格制度の中に入れていた矛盾が何故これまで破綻しなかったかと言いますと、大体二五、六歳で女性が辞めていたからです。

しかし、今後、女子が若年で退職しなくなるとなれば、このシステムを再設計しない限り問題の発生を防ぐことはできません。そこで考え出されてきたのが……「コース別管理制度」です。

これにより、各コースに異なる労働条件を当てはめるとともに、とりわけ昇格のスピードを制度的に異ならせることにより、「辞めなくなっ」たが男性並みには働かない女性に、それに見合った処遇を与えることができるというのが狙いでした。

一方、男性並みに働こうとする女性には総合職として高い処遇を与えるという意図もあったことは否定できませんが、実際には、総合職の条件として転勤に応じられることといった要件が付けられることが多く、家庭責任を負った既婚女性にとってはこれに応えることは困難でした。もちろん、頻繁な配置転換が日本型雇用システムの重要な要素であることは確かですから、転勤要件自体が必ずしも不合理というわけではありません。しかし、やや皮肉な言い方をすれば、女性を総合職にしないために、企業がわざわざ転勤要件を要求したという面もあったようです。

■男は総合職、女は一般職

こうして導入されたコース別雇用管理の実情は、ちょうどこの時期、すなわち男女均等法（努力義務法）が一九八五年に制定されてから一九九七年にそれが差別禁止法に改正されるまでの間に訴えが提起されたいくつかの裁判例を見ることで窺うことができます。できるだけ訴えられた企業側の主張に即して、当時の企業がどういう人事政策をとろうとしていたのかを見ていきましょう。

まず、かつては明示的に男女別にコース分けしており、一九八五年から一般職と事務職のコース制を導入した商社に勤める逆井征子氏ら六名の女性たち（高卒、大卒、短大卒、専門学校卒）が一九九五年に訴えた兼松事件（東京地判平一五・一一・五）です。同社では世間でいう総合職に相当するものを一般職、一般職に相当するものを事務職と呼んでいます。

被告においては、旧兼松、江商、合併後の被告を通じ、原告らの入社当時、商社機能、商社業務の効率的遂行の必要から、会社の業務を分担する社員層として、既に、「商社本来の基幹業務を推進し、かつ将来そのように期待されている社員層」と、「定型的・事務的補助業務を担当する社員層」、運転者や保安・賄い等「特定業務を担当する社員層」とが分化しており、この違いに基づき、採用、教育研修、転勤の有無、業務執行責任の有無等の各面において異なる取扱い、処遇をしていた。例えば、募集・選考・採用に関し、基幹業務担当社員層については、自由応募制で、勤務地の限定なく国内外の移動を可とする条件で、最終の選考として役員面接を経て採用し、定型的・事務的補助業務担当社員層については、採用実績のある高校・短大・専門学校を中心とする学校推薦制で、原則として住居の移転を伴う異動のない職種であることを明示し、人事部長もしくは事業所長の面接を最終選考とする選抜方法で採用していた。……基幹業務担当社員層については、勤務地の限定のない条件で採用したから入社後国内外に異動があるの《ママ》対し、定型的・事務的補助業務担当社員層は、店限採用であって原則として住居の移転を伴う異動がない条件で採用したから、転勤はない。さらに、基幹業務担当社員層は、業務を独自の判断で遂行する権限が与えられるのと引き換えに、業務の遂行の結果が自らの処遇に反映される形で結果を引き受ける責任を負うのに対し、定型的・事務的補助業務担当社員層は、仕事の量・質を評価要素としての考課を受けるのであって、業務計画の達成の度合いとは無関係であり、その意味で業務計画遂行の責任を負っていない。

これに対し原告の女性たちは、営業、運輸、総務のどの部門でも責任を持った職務を分担し、到底定型的・補助的業務とはいえないと反論しています。この点については、裁判官も「両者の境目は明らかではなく、またその一部は重なり合っていた」と判断し、

したがって、被告は、社員につき、被告主張のようにまず職種の違いがあることを前提としてではなく、男女の性による違いを前提に男女をコース別に採用し、その上でそのコースに従い、男性社員については主に処理の困難度の高い業務を担当させ、勤務地も限定しないものとし、他方、女性社員については、主に処理の困難度の低い業務に従事させ、勤務地を限定することとしたものと認めるのが相当である。

と認定しています。

ここには、「職種」という言葉をその本来の意味で、つまりジョブ型社会と共通の具体的な仕事内容の類型という意味で理解している原告や裁判官と、実際に従事する作業はともかく、会社人生の中で期待される役割との関係でとらえる会社側との用語法のずれが露

呈しています。ちなみに本判決はこのコース別処遇を違法とは認めず訴えを棄却していますが、勝ち負けを重視する法解釈学者や弁護士と違い、本書にとって判決文は当時の企業の人事思想を浮かび上がらせる有用な素材として引用しているだけなので、結論は重要ではありません。

■それでも男子のみ一律昇進

もう一つ、北川清子氏ら四名の高卒女子事務員たちが高卒男子事務員との昇進・昇格格差に基づく著しい賃金格差を一九九五年に訴えた住友金属工業事件（大阪地判平一七・三・二八）を見ておきましょう。これはむしろ、第1章の冒頭で見たように、戦後の経営秩序において、高卒男子事務員が大卒男子と「平等」な存在となり、高卒女子事務員とは異なる身分となったことの雄弁な実例といえます。

原告の女性たちは、本社採用の高卒男性たちがほとんど一律に昇進していることを男女差別の証拠だと主張するのですが、それに対して会社側はこう主張します。

そもそも、本社採用者は、将来の経営幹部候補たるべき者として選ばれて採用された者であるので、もともとの能力が高い上、早期に幹部として育成する観点から、高度な専門知識と経験を必要とする企画・立案等の業務に従事させ、また、長期的、専門的な教育体系による人材育成も施していることから、その能力伸長は早いのである。したがって、……公正な考課を実現した結果として、一般執務職から専門執務職、専門執務職から企画総括職への昇進時期がほぼ同じ時期になっているにすぎない。

これに対して裁判官は、次のように判断しています。

高卒事務職において、同等の能力を有する者であっても、男女間で能力評価区分に差をつけるとともに、仮に同じ能力評価区分に該当するとしても、男女間において評価区分及び査定区分において明らかに差別的取扱いをし、それに基づき、昇給・昇進等の運用をしていたというべきであり、このような運用は、本件コース別取扱いと合理的関連を有するとは到底認め難いといわなければならない。

これを見ると、日本型雇用システムにおける「能力」という言葉の持つ本音と建前の乖離の大きさに感慨深いものがあります。生活給の必要性ゆえに一律に年功序列的に昇進させるという人事政策をとっているにもかかわらず、それを客観的に測定不可能な「能力」に比例した処遇であると説明することによってその経済的合理性を弁証するという込み入った構造です。この事態をもっとも端的に分析した文章は、第2章で見た大沢真理氏の著書のこの一節でしょう。

技能が高まるから賃金があがるのではなく、査定＝人事考課による個人差はあれ、ともかくも年齢につれて賃金をあげてやらなければならないからこそ、その賃金にみあう技能をつけさせようとするのだ。ただし、その労働者が男であるという条件つきで。……〝妻子を養う〟男の生活費にみあう賃金に、女をあずからせるということ自体が論外なのである。

以上二つの判決に限らず、男女差別裁判の判決文は企業の人事管理政策を研究する上で有用な情報が満載です。法理論のみに関心を集中させる法律学者や弁護士だけに使わせておくのはもったいないと思います。

第4章　均等世代から育休世代へ

1　女性総合職の本格化とOLビッグバン

■新時代の「日本的経営」

日本の経営者団体のエポックメイキングな文書といえば、第2章で取り上げた一九六九年の『能力主義管理――その理論と実践』と並んで、一九九五年の『新時代の「日本的経営」』が双璧です。いずれも、文章の表面上には男女それぞれの取扱いについてほとんど触れるところはありませんが、それゆえにこそ、日本型雇用システムに対するスタンスがそのまま、女性労働のあり方に大きな影響を及ぼすものとなったのです。『新時代の「日本的経営」』については、『若者と労働』（中公新書ラクレ）や『日本の雇用と中高年』（ちくま新書）でかなり詳しく取り上げ説明していますが、ここでは改めて女性労働へのインプリケーションに重点を置いて見ていきましょう。

まず、『新時代の「日本的経営」』そのものの前に、それに至る日経連の姿勢のシフトを「労働問題研究委員会報告」で概観しておきます。これは毎年、春闘に向けて経営側の姿勢を明らかにするために公表しているものです。一九九三年版では、「女性の労働は、新たな労働力の確保という点だけでなく、女性の機会均等、社会進出の促進という観点からも重要である。この問題への対応は、企業の人事方針の基本として、個々人の適性に応じて仕事に従事させ、成果によって処遇することを徹底することからはじまる。……さらに、男性中心の考え方で構築されがちな種々のシステムや考え方の見直しに加えて、企業のなかに女性の活躍を積極的に位置づけるという管理職の意識改革や組織風土の醸成を図り、それを根づかせていく経営トップの方針を明確にすることが求められる」と、初めて女性労働力の積極的な活用を最優先とする発想が前面に出ました。翌一九九四年版では「本来、企業運営に必要な多くの仕事は、職務遂行能力面で男女に区別はないはずである。今後は、職場の仕事をこなす能力がある者を男女にこだわらず就労させるべきである」と、一九九五年版では「企業は合理的理由のない性差による雇用管理は人材の有効活用にならないことを認識すべきであり、女性は自らが女性であることに甘えてはならない。また、企業内の慣行は社会全体のあり方の反映であることを考えれば、社会自体の意識の改革も必要となる」とまで言うに至っています。

こういう流れの中で一九九五年に出された『新時代の「日本的経営」』の基本思想を一言でいえば、これまでの日本型雇用システムを全面的に肯定するのでもなく、全面的に否定するのでもなく、雇用ポートフォリオという名の下に、三つのグループを設けて、それぞれにふさわしい人事管理のあり方を作っていこうとするものであったと言えます。

この三つのグループ分けは極めて有名ですから、読者の皆さんも聞いたことがあると思います。第一は、従来の長期継続雇用という考え方に立って、企業としても働いてほしい、従業員としても働きたいという「長期蓄積能力活用型グループ」です。第二は、企業の抱える問題解決に、専門的熟練・能力をもって応える、必ずしも長期雇用を前提としない「高度専門能力活用型グループ」です。そして第三が、職務に応じて定型的業務から専門的業務までさまざまな、従業員側も余暇活用型から専門的能力の活用型までいろいろといる「雇用柔軟型グループ」です。

各グループの性格付けについて、同報告書に載っている図表を示しておきましょう。三つのグループが一部重なり合いながら並んでいる姿が印象的です。

ここで一点だけ注意を喚起しておきますが、雇用ポートフォリオという言葉はこの報告書で初めて出てきたものですが、それまでの日本企業もやはりある意味で雇用ポートフォリオを作っていたのです。『若者と労働』では、正社員とパート・アルバイト型の非正規労働者という雇用ポートフォリオに着目して論じましたが、本書のこの章での関心からす

図表６　企業・従業員の雇用・勤続に対する関係

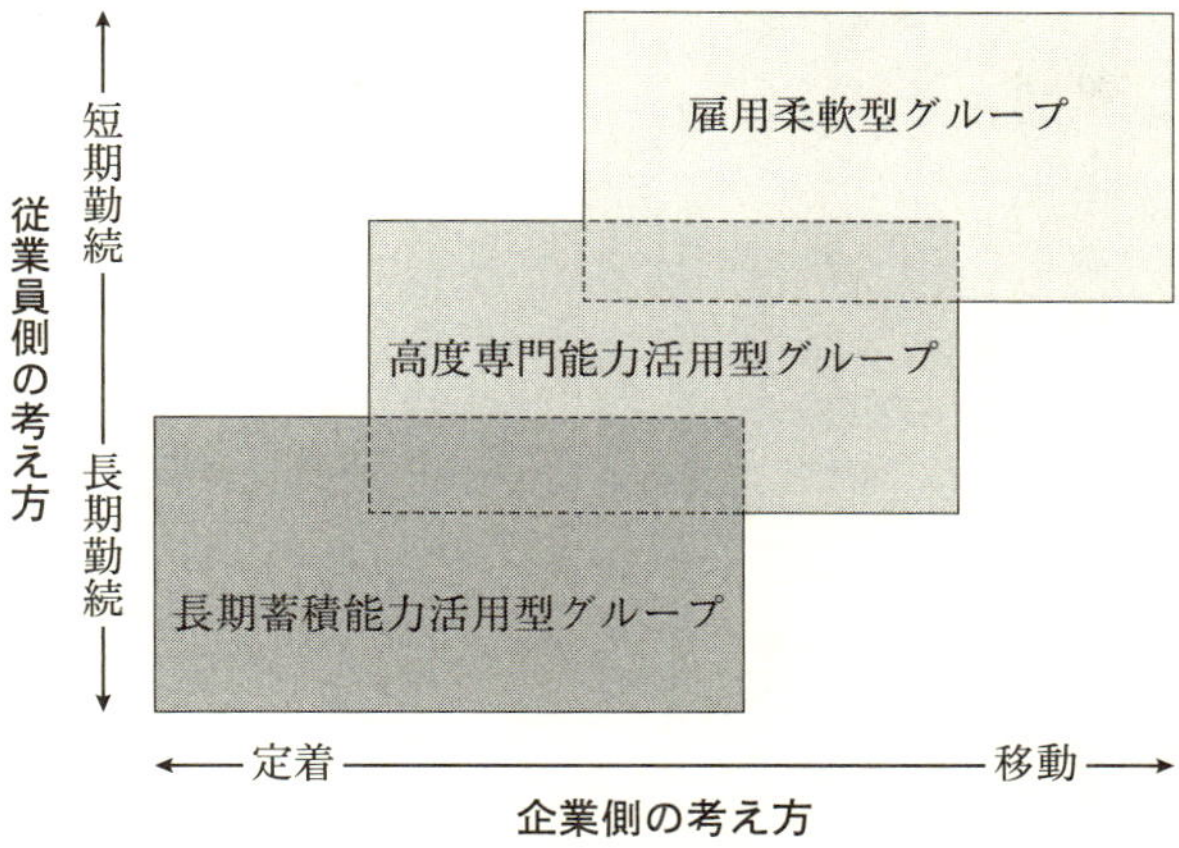

資料：日経連『新時代の「日本的経営」』（1995年５月）
注：1．雇用形態の典型的な分類
：2．各グループ間の移動は可

図表７　グループ別にみた処遇の主な内容

	雇用形態	対　象	賃　金	賞　与	退職金・年金	昇進・昇格	福祉施策
長期蓄積能力活用型グループ	期間の定めのない雇用契約	管理職・総合職・技能部門の基幹職	月給制か年俸制 職能給 昇給制度	定率 ＋ 業績スライド	ポイント制	役職昇進 職能資格昇給	生涯総合施策
高度専門能力活用型グループ	有期雇用契約	専門部門（企画、営業、研究開発等）	年俸制 業績給 昇給なし	成果配分	なし	業績評価	生活援護施策
雇用柔軟型グループ	有期雇用契約	一般職 技能部門 販売部門	時間給制 職務給 昇給なし	定率	なし	上位職務への転換	生活援護施策

れば、男子は基幹労働、女子は補助労働という分業体制も立派にひとつの雇用ポートフォリオであったと言えます。その男女別雇用ポートフォリオの基本枠組みを全くそのままに維持しつつ、ただ男性というラベルの代わりに総合職、女性というラベルの代わりに一般職というラベルを貼り付けたのが、この時期までのコース別雇用管理の実態でした。男性はみんな総合職、女性もほとんどみんな一般職、ただし言い訳できる程度に総合職女性も採用する、という時期です。

それに対して、本報告で打ち出されている新たな雇用ポートフォリオは、男性だからといってみんな総合職扱いされるわけではない、という点に最大のポイントがあります。実際、『若者と労働』で説明したように、それまでは男子新規学卒者は「ほぼ間違いなく全員が自分の（正社員としての）就職先を見つけ出すことができるようになってい」たのに、それが難しくなって多くの（若年男性）フリーターが生み出されてきたことが、過去二〇年間の若者雇用問題の中心課題でした。その意味では、近年の若者雇用論壇自体が、ジェンダーバイアスに満ちた議論であったということもできます。やや皮肉な言い方をすれば、ある種の若者雇用論とは、若年男性が不当に有利な立場を独占できていた伝統的日本型雇用システムが崩れてきて、それまで不当に差別されていた人々が相対的にいい目を見るようになったことへの感情的反発であったとも言えないこともありません。

ただ、本報告がそれまでの正社員に与えた影響という意味でより大きかったのは、少なくとも建前上は長期蓄積能力を活用することになっていた男性正社員よりも、結婚退職までの短期勤続を前提にしてそれなりの処遇を享受できていた女性正社員たち――第１章で見たＢＧ、ＯＬと呼ばれてきた人々――であったことは間違いありません。結婚退職を前提に採用していたＯＬたちが、次第に勤続年数が延びていき、年功賃金の下で（男性より低いとはいえ）仕事内容とは見合わないような高給になってしまっている、と少なくとも企業側から見なされるようになっていたのです。後に述べる「ＯＬビッグバン」の原点もまたここにあります。

なお膨大な本報告の中で、明示的に男女の扱いに言及した一節はほとんどないのですが、例外的に「男女を問わず」という言葉が出てくるのが「職能・業績重視の賃金制度の導入と実施上の留意点」という章です。

⑤賃金全体について、これからは若年層から高年層にいたるまで、男女を問わず、仕事と賃金との関係を強め、働きに応じて賃金を考えていくシステムに切り替えてい

く。

「〝妻子を養う〟男の生活費にみあう賃金に、女をあずからせるということ自体が論外」であった日本的な賃金制度の発想を、経営側の本陣がいよいよ明確に否定する方向に転じたという点に、この二〇年前の報告書の持つ画期的な意義があったといえるでしょう。

■ようやく差別禁止法に

一九八五年に男女均等法（努力義務法）が制定されてからの一〇年間で、経営側のスタンスがこのように徐々に変化してきたことを背景として、一九九七年に同法が大幅に改正されました。ちなみにこのとき、努力義務法制定時に男女平等法制化準備室主査として実務を取り仕切った松原亘子氏は霞ヶ関初の女性事務次官になっていました。

一九九七年に成立した改正男女均等法は、企業の募集・採用から定年・退職・解雇に至る雇用管理における女性に対する差別を禁止し、その実効性を確保するための措置を強化するとともに、時間外・休日労働、深夜業に係る労働基準法の女子保護規定を撤廃し、さらに新しい課題として、ポジティブ・アクションやセクシュアル・ハラスメントの問題にも取り組んでいます。

そもそも、一九八五年法は男女均等法と呼ばれていましたが、正式名称は「雇用の分野における男女の均等な機会及び待遇の確保等女子労働者の福祉の増進に関する法律」であって、素直に略せば「女子労働者福祉法」だったのです。あまつさえ、その基本的理念は、「女子労働者は経済及び社会の発展に寄与する者であり、かつ家庭の一員として次代を担う者の生育について重大な役割を有する者であることにかんがみ、……女子労働者が母性を尊重されつつしかも性別により差別されることなくその能力を有効に発揮して充実した職業生活を営み、及び職業生活と家庭生活の調和を図ることができるようにすることをその本旨とする」（第二条）とか、「女子労働者は、労働に従事する者としての自覚の下に、自ら進んでその能力の開発及び向上を図り、これを職業生活において発揮するように努めなければならない」（第三条）と、「次代を担う者の生育について重大な役割を有」したり、「職業生活と家庭生活の調和を図」る必要があるのは女性だけの問題であるかのような規定ぶりであったのです。

これがようやく「女性労働者が性別により差別されることなく、かつ、母性を尊重されつつ充実した職業生活を営むことができるようにすることをその基本的理念とする」と単純明快になり、次世代生育の役割も家庭と職業の調和も男女共通の問題としてここからは切り離されたのが一九九七年改正法です。いわんや、女性労働者についてのみ「労働に従事する者としての自覚」を云々する規定もありません。

■女性総合職活用の本格化

日本の企業が本格的な意味で女性総合職の活用を始めたのは、この一九九〇年代半ばからであると言ってよいでしょう。もちろん、第3章でみたように、男女均等法の施行とともに、多くの企業ではコース別雇用管理を導入したのですが、それはそれまでの男性正社員の働き方と女性正社員の働き方をコースとして明確化したものに過ぎませんでした。女性でも総合職になれることを外向けに宣伝する広告塔として、ごく少数の女性総合職が採用されたといいながら、現場にはほとんど受け入れる雰囲気がなく、多くの総合職女性たちは――彼女らは均等法第一世代と呼ばれることになりますが――失意の中で退職を余儀なくされていきました。

ワーキングウーマン研究所総合職研究会編『こんなはずじゃなかった！――女性総合職300人の体験手記』（日本生産性本部）では、「大学まで男性も女性も同じ教育を受けてきたのに会社に入って区別されるのは嫌だった」女性たちが、「1人の上司の下につきましたが、1年上の男の先輩を連れて、毎日のように出張で、私1人、机に残される日々が続きました。……自分は総合職だから、一人前に働きたい、とでも言ってしまうと、もう大変です。女に徹夜ができるか、体力が保つのか、生意気なことを言うな、と怒鳴られるのです」とか、「部長の秘書的業務から伝票整理まで雑用が仕事の全てでした。……同期の男子社員は皆、担当を持ち営業に出ている中、同期の女子で営業に配属された女子7人のうち私を含め6人は庶務的業務または営業事務でした」と、その不当な扱いを訴えています。

一方で一般職女性との人間関係にも悩み、お茶くみや机ふきなど女性の役割も果たさなければならない状況もありました。「一般職でもなく、かといって男性と同じでもない。どちらの立場でもなく、浮き上がってしまう孤独な思いをしてきました」というのが、この時期の総合職女性の姿だったようです。もちろん、その中を生き残って今に至るパイオニア的な女性たちも少なくないのですが。

この状況を膨大な総合職女性面接調査に基づいて分析した大内章子・藤森三男両氏の「日本の企業社会」(『三田商学研究』三七巻六号)も、総合職女性に対しても「結婚したら辞めるんだろうな」と念を押されたとか、女性を配属しようとしても支店長が「女に営業は無理」と拒否したり、取引先が「銀行が女をよこしてバカにしている」と嫌がった等々の例を挙げ、当時の総合職女性を待ち受ける困難を次のようにまとめています。

まず入社直後には、男性と同等の仕事をさせて貰えない、一般職女性との関係で軋轢が生じる、男性上司が一般職に依頼するはずの仕事を「女のコ」でもある総合職女性に頼む、といったことがありました。それを超えて勤続しても、男性と同等の配置転換を受けられなかったり、海外赴任・留学が許されなかったりし、これが不満で結婚をきっかけに退職するケースも多かったようです。結婚退職慣行が残る中で結婚後も仕事を続ける女性には、男性同様に会社での仕事を行った上で家事も行うという二人分の負担がのしかかり、さらに出産後の育児と仕事の両立が課題となってきます。

同論文はこの状況を、日本企業がウチ社会であることから来るものだと指摘しています。彼らのいうウチ社会とは、集団が個人に全面的な参加を要求する集団主義、集団内部の地位・序列に関心を持つ階層意識、そして長期的関係の重視からなり、今まで多くの論者が指摘してきた日本の労働社会の特質――私が「メンバーシップ型」と呼ぶもの――と共通していますが、それが総合職女性の働きにくさの原因になっているというのです。

このように、自らの努力をもってしても女性がウチ社会で働くのは事実上困難であり、またウチ社会に全人格的に参加している男性とは異なる異質の存在であり、ウチ社会に参加するのは現在のところ適していない。現在あるウチ社会に所属して働くことは、家庭責任をもたないで全人格的に企業のために働くことを意味している。そのため、現在、雇用における男女平等が求められているものの、現在あるウチ社会において家庭責任を持つ人（現在のところ多くが女性）は、それが男女に関わらず、家庭責任を持たずに働いている人（多くが男性）と対等に（つまり平等に）働くことは実質的に無理なのである。

一九九〇年代半ばから始まった女性総合職活用の本格化は、しかしながらこのウチ社会（メンバーシップ型労働社会）の基本構造を変えようとするものではありませんでした。男であれ女であれ、その意味では確かに男女平等に、ウチ社会に全人格的に参加することを条件として「活用」していくし、それに応じて処遇していくということだったのです。従って、このあと女性労働問題の焦点は、全人格的に企業のために働くという要請と、にもかかわらず主として女性にかかり続ける家事負担、とりわけ出産後の育児負担との矛盾に当てられていくことになります。

■OLビッグバン

当時の経営者がこの改正について語り合った記録を見ると、上記日経連の諸文書に見られるような人事思想の転換が進んでいたことが窺われます。改正法施行とともに刊行された『関西経協』一九九七年一〇月号所載の座談会「均等法改正と実務対応について」で、トーメン大阪人事部部長の鷹羽孝昌氏はこう語っています。

ところが最近、実態として一般職がどんどん総合職の領域へ侵食してきています。一般職の職域が広がっているのです。これには職掌として明確な定義がないことが関係しています。基幹業務か補助業務かの区別はあるのですが、それ以外は転勤があるかないかぐらいの区別しかないわけです。……上司も一般職女子を使い出すと使えるということ、それと男子が少なくなってきたということから、実態として一般職が総合職の領域へ侵食してきています。ただ、管理職が忘れているのはコースによって処遇が違うということなのです。だから単に、コース別管理をしているから当社はこれで均等法に触れていませんとはなかなか実態としてはいえないだろうという気はしています。

コース別採用をやめ、男女共一つの職掌で採用し、資格制度の中で昇格の遅い早い、あるいは、この人は能力的に見てこの資格どまりという運用の形の人事制度に大幅に変えるか、あるいは男子の一般職をつくるということをやらないといけないのではないかと考えます。

処遇差を裏付けるのは職務内容の差でなければならないという問題意識が明確に示されています。そこでクローズアップされてくるのが、職務内容の差ではないけれども雇用条件の差である転勤問題です。転勤がないから一般職ということでいいのか、という問題意識が既にこの段階で明確に示されています。ユニチカ取締役人事本部長の佐藤国弘氏は、

一般職の女子の意識としては、転勤はもちろんのこと、職場を変わることについても心理的な抵抗感はあるようです。だから、そういう面で、……処遇に対する不満と

いうのは基本的にはないと思います。

ただこれから、短大卒の一般職で採用した者が、営業などに出ていくケースが増えてきた場合、その処遇を一般職のままでとどめていいのかどうかということが問題としてあります。……ただ、だからといって、転勤まで進んで応ずるところまでいっているかといいますと、やはり一般職で採用した女性は、そこは現実問題として少し違い、今はまだそこまで意識はいっていないようです。

と述べています。この言い方自体が「意識が進めば」転勤を受け入れるようになるという男性的な発想を引きずっていますが、少なくともこれまでのOLモデルの一般職というあり方に対し、経営者側自身が疑問を呈しだしていたことをよく物語っています。実際、この座談会の中では、

商社の中にはもう一般職は採用せず、従来、一般職が行っていた仕事は、すべて派遣社員でやっていくというところもあります。

という発言も飛び出してきます。そう、この一九九七年という年は、それまで長く日本の女性労働のベーシックモデルであったＯＬというあり方が大きく揺さぶられた年でもあったのです。

そのあたりをジャーナリスティックに取り上げたのが、『週刊文春』一九九七年一一月六日号の記事、「『ＯＬビッグバン』襲来――一般職は消滅、派遣社員が増加」です。三菱商事を筆頭に商社、生保、デパート、メーカーなど一般職女子を採用しない企業が続出し、そのあおりでＯＬ供給の右代表であった女子短期大学の就職戦線が苦戦を強いられている姿を報じています。その「苦境の女子正社員たちを尻目に、最近めきめき頭角を現しているのが派遣社員」。中堅生保人事担当者の「同じ〝職場の花〟だったら、安くつくし、割り切っている派遣社員の方を選びますよ。一般職のすみかはだんだんと狭くなっていくはずです。もうＯＬ、ＯＬと騒いでいた時代は終わりなんでしょうね」という冷たい言葉を引いて、ＯＬ型モデルの終焉を告げています。同時期、『日経ＷＯＭＡＮ』一一月号も「ＯＬビッグバン到来、その時消えるＯＬ笑うＯＬ」という大特集を組んでいますから、この言葉は流行語だったのでしょう。

目に見える変化としては、それまでＯＬといえば制服というのが常識だったのが、それを廃止する企業が相次いだことでしょう。大部分の制服ＯＬの中で数少ない総合職女性が私服で働いているがゆえに、上述のように否応なく「浮き上がってしまう」わけですが、制服が廃止されれば総合職も一般職も見分けがつきません。企業の女子制服廃止には経費節減という狙いもあり、肝心のＯＬ側は猛烈に反対する人々が多かったようです。

この大きな転換期であった一九九七年に、慶應義塾大学経済学部を卒業して東京電力に総合職として入社し、当時企画部経済調査室副長を務めていた女性管理職社員が殺害される事件が起こりましたが、これを描いた佐野眞一氏のルポルタージュのタイトルは『東電ＯＬ殺人事件』でした。いくら何でも彼女は「ＯＬ」ではなかったはずです。

2　転勤と間接差別

■転勤問題

こうして、日本の企業がそれまでの男性モデルを一応男女平等に適用するようになる中で、総合職女性や基幹化した一般職女性の問題は家事育児負担との両立問題にシフトしていき、補助的な一般職女性は契約社員や派遣社員など非正規労働化していくという形で、純粋の男女平等それ自体は政策の中心舞台から徐々に降りていくことになります。少なくとも労働政策という枠組みの中では、前者の延長線上に展開される職業と家庭の両立支援とか、ファミリーフレンドリーとか、ワークライフバランスといったことが一つの政策の柱となり、後者の延長線上に展開されるパートタイマーや派遣労働者など非正規労働対策がもう一つの政策の柱になっていきます。

ただ、職業と家庭の両立問題のうち、転勤をめぐる問題については、男女差別問題そのものとして捉える政策視点が二〇〇〇年代に出てきます。つまり専業主婦やパート主婦を有する男性正社員と同じように女性にも転勤を要求すること自体が、結婚して（彼自身他に職業を持つ）夫のいる女性にとっては一種の差別的取扱いになるのではないか、という発想です。これが欧米で発達した間接差別法理を導入する形で、二〇〇六年に男女均等法に盛り込まれました。

この問題の背景にあるのは、『新しい労働社会』（岩波新書）や『日本の雇用と労働法』（日経文庫）で繰り返し指摘した日本の正社員の雇用契約の無限定性、とりわけ場所的な無限定性です。これは、高度成長期に急激な技術革新に対応するために労働者側の合意の下に配置転換が大規模に進められたことが背景にありますが、日本の裁判所も累次の判決でこれを正当と認めてきました。欧米のジョブ型社会では勤務場所は契約の重要な要素のはずですが、日本では会社側の一方的な命令でいくらでも変えられるものと見なされてきたのです。

高齢の母と保育士の妻と二歳児を抱えた男性労働者に神戸から名古屋への遠距離配転を命じ、拒否したことを理由に懲戒解雇した東亜ペイント事件（最二小判昭六一・七・一四）で、最高裁判所は「当該転勤命令につき業務上の必要性が存しない場合又は業務上の必要性が存する場合であっても、当該転勤命令が他の不当な動機・目的をもってなされたものであるとき若しくは労働者に対し通常甘受すべき程度を著しく超える不利益を負わせるとき等、特段の事情の存する場合でない限りは、当該転勤命令は権利の濫用になるものではない」と権利濫用の範囲を著しく縮小し、この事案での「家庭生活上の不利益は、転勤に伴い通常甘受すべき程度のもの」と一蹴しています。これが女房子供を養う日本の男性正社員に課せられた責務であったわけです。

かつては男女異なる雇用管理を前提にして、和歌山から大阪への配転を命じられた独身女性に対して「勤務の場所は、被雇用者である債権者にとってその当時及び将来の生活上極めて重要な意義を有するものであることはいうまでもないから、……特に勤務場所について明示的に限定する旨の合意がなされたことの疎明資料のない本件においても、……債権者の勤務場所を和歌山市とする旨の暗黙の合意がなされていたものと推認するのが相当」（ブック・ローン事件、神戸地決昭五四・七・一二）と、男性であれば考えられないような判決も見られましたが、職場の男女平等が進む中で判例法理の男女差別も（男性用法理に近づける形で）縮小していき、共働き女性に対しても仕事優先の判断が下されるようになっていきます。厳密には転勤事案ではありませんが、夫と共働きで三歳児を保育所に送り迎えしていた女性労働者に、それを困難とする目黒区から八王子への異動を命じ、拒否したことを理由に懲戒解雇したケンウッド事件（最三小判平一二・一・二八）で、東亜ペイント事件の一般論を引きつつ、その「不利益は必ずしも小さくはないが、なお通常甘受すべき程度を著しく超えるとまではいえない」としています。

■日本的な間接差別規定

二〇〇六年男女均等法改正は、男性正社員モデルをそのまま女性に当てはめることが女性を働きにくくするという上述の問題に、間接差別という枠組みによって一部対応しようとしたものです。しかし、そのやり方は独特で、日本的間接差別規定とでもいうべきものになっています。

もともと間接差別という概念は、ＥＵの男女均等待遇指令（一九七六年）に「直接又は間接を問わず、特に婚姻又は家族的地位に関して、性を理由とするいかなる差別もあってはならない」と規定されたことに遡ります。つまり表面的には男女で差をつけていないけれども、世帯主であることを要件とするなど通常男性が多くそれに該当するような場合を間接差別として想定していたのです。ところがＥＵではその後、累次のＥＵ司法裁判所判決で、パートタイマーに対する低い処遇を、パートは多くが女性だからという理由で、女性に対する間接差別とする法理が発達していきます。これが、二〇〇〇年代に日本での議論に持ち込まれたのです。

改正に先だって厚生労働省が開いた男女雇用機会均等政策研究会の報告書（二〇〇四年六月）は、表向きは男だから女だからとはなっていないけれども、それを当てはめると男性に有利になるような基準や慣行で、職務と関係がないようなものを間接差別と呼び、七つの例を挙げました。その中には、福利厚生の適用や家族手当の支給における「住民票上の世帯主要件」や「パート労働者の除外」なども含まれていましたが、その後審議会で揉まれるうちに対象がだんだん減っていって、最終的には「募集・採用における身長・

体重・体力要件」「コース別雇用管理制度における総合職の募集・採用における全国転勤要件」「昇進における転勤経験要件」が省令で定める間接差別だということになりました。

パートタイマーについては、労働側が強く要求したのに対して、政府が「それはパート法で対応すべき」と抵抗した結果なのですが、世帯主要件は誰も正面から議論しないままいつの間にか消えていました。恐らく、世帯主要件を禁止するのなら夫婦ダブル支給になってしまうから家族手当なんかやめてしまえということになりかねないと危惧した労働組合側が、あえて寝た子を起こさずにそっとしておくことにしたからではないかと思われます。もともとＥＵでは間接差別の典型とされていたものがわざわざそのリストから抜かれてしまったことになります。「女房子供を養う賃金」の感覚が根強いことを感じさせます。

3　夫は「ワーク」、妻は「ライフ」の分業システム

■女子は企業戦士になれるか

さて、男女均等法で生み出された女性総合職が直面した課題の中には、頑迷な女性への偏見とともに家事育児負担があったことを先に述べました。とりわけ、出産を機に退職した総合職女性は多かったようです。大内章子氏の「女性総合職・基幹職の実態調査」（『三田商学研究』四二巻一号）で、ある育児継続型の商社総合職女性は「育休の利用しやすさは部署によるが、本人が申請するのには勇気がいる。育児休暇を取らずに頑張っても、子供の病気で頻繁に休むことになるので、最低四ケ月は取りたい。ただ、休暇は短い方が仕事の復帰がしやすいし、安心感がある」と語っていますが、その後にやや評論風にこう述べています。

専業主婦という銃後の守りとのセットで男性企業戦士を雇用しているのが未だ雇用慣行の主流だと思うが、経済の発展＝国民の幸せという図式が崩れた今、銃後に徹するのも前線に出て行くのも陳腐化した選択だと思う。もちろん、専業主婦（主夫）や

ワーカホリックが個性に適っている人を否定するつもりはない。問題なのは現在の雇用慣行が個人の選択の幅を極端に狭めていることだ。

ここには、無制限の労働義務と引き替えに職業人生の安定を得てきた日本型雇用システムにおける男性正社員モデルの枠組みにそのままはめ込まれた総合職女性たちの居心地の悪さが率直に表現されています。

彼女が語るように、日本型雇用システムは前線で戦う企業戦士たる成人男子正社員と、その家庭を銃後で守る専業主婦ないしパート主婦という組合せで、安定的な均衡解を獲得しました。それを私はかつて『新しい労働社会』（岩波新書）において（皮肉を込めて）日本的フレクシキュリティと呼んだことがありますが、さらに皮肉を効かせるならば「日本的ワークライフバランス」と呼ぶこともできるかも知れません。つまり、夫はワークに専念し、妻はライフに専念することによって、家庭としては見事にワークとライフのバランスが成り立っているのです。夫と妻のワークライフ分業こそが究極のワークライフバランスであるということです。そういう家庭という単位に生活給を支給する企業についても、これは日本的ファミリーフレンドリー企業というべきかも知れません。もちろん、企業がフレンドリーな姿勢を示すファミリーとは、このモデルに適合する男女分業家庭に限られるわけですが。

そういうワークライフ分業観が一般的であった時代には、職業と家庭の両立などという概念自体がナンセンスの極みであったのでしょう。一九六四年に日経連は『女子従業員管理の考え方と実際』の中でこう述べています。

一般論としては、既婚者よりも未婚者が適当であり、有夫有子の女性よりも独身の女性が歓迎されることは常識である……根本的には、わが国の社会生活、家庭生活がその根幹から大きく変革されない限り、主婦としての家事、母や妻としての諸責務が片手間や余暇が十分に果せるものではないという面だけでも解消しない限り、既婚女性がそのまま職務につくことは、無理であり、不自然である。結婚してからは、妻としての座を全うし、子を産んでは母として育児の責を万全に果してゆくところに、人間としての生甲斐があり、社会的責任を果してゆく正道がある。

同書所収の人事・労務担当課長の覆面対談の中には、こういう表現もあります。

ところで、いくらこんご10年、20年たってみても、女子の実態というものは、やはり家庭に帰るということが、ここ当分続くと思います。例外的に、たとえば（電話）交換手とか、学校の先生、看護婦、そういう特殊な適性で続けられているものは、戦前から確固としているけれども、一般的には短期間労働はおそらく避けられないだろう。

女子労働が確立している特殊な職域を除けば、日本的ワークライフ分業が永続的に続くだろうという予測です。ここで興味深いのは、（自分の会社は含まれない）特殊な職域では、既婚女性が「母として育児の責」を果たしながら働いていくこともありうべし、という認識が示されていることです。実際、日本社会に育児休業なる仕組みが細々と導入されていくのは、まさにこうした特殊な職域においてでした。

■先駆的な育児休業制度

日本で初めて育児休職制度を導入したのは、影山裕子氏がまだ男女差別に悩まされていた当時の電電公社でした。彼女は自伝『わが道を行く——職場の女性の地位向上をめざして』(学陽書房)の中で、この制度導入は自分が言い出したことであるかのように書いていますが、萩原久美子氏の『「育児休職」協約の成立』(勁草書房)によれば、そういう事実はなさそうです。同書は、当時の電電公社の労働組合、全電通の近畿地本執行委員だった松葉頴子氏のアイディアから、電話交換手の就労継続のための育児休職構想が労働組合の要求として打ち出され、一九六五年に協約として確立していく過程をビビッドに描き出していています。

法制度としては一九七五年に議員立法で成立した「義務教育諸学校等の女子教育職員及び医療施設、社会福祉施設等の看護婦、保母等の育児休業に関する法律」が最初です。この法律の出発点は、一九六三年の日教組定期大会で、「これから婦人教師はどんどん増加するのだから、既婚婦人もさらに増加するし、従って育児休職制度が必要だ」と提起されたことにあります。出産育児を理由に退職を余儀なくされた女性教師たちが、復職を希望してもきわめて困難という状況下で、日教組婦人部が本格的に検討を開始し、一九六六年には法制化を求める決議を行い、同年にはILOとユネスコの「教員の地位に関する勧告」という国際的な追い風も吹いたこともあり、翌一九六七年に当時の日本社会党から法案が提出されました。こうした活動には前例があります。日教組婦人部の運動により、産休補助教員を取り入れるための「女子教育職員の産前産後の休暇中における学校教育の正常な実施の確保に関する法律」を、議員立法により一九五五年に成立させていたのです。ちなみに、日教組といえば政治団体だと勘違いしている人もいますが、確かに政治活動に熱心な活動家もいましたが、こういうまっとうな労働組合としての活動にも熱心に取り組んでいたのです。閑話休題。社会党案の審議未了が三回繰り返された後、与野党間で参議院文教委員会に小委員会が設置され、自民党も合意して一九七二年に法案にまとめ、参議院本会議で可決し、衆議院に送付するところまで行きましたが、衆議院では審議未了廃案になってしまいました。

一方、看護婦等の育児休業を求めたのは労働組合からではなく、国立病院の看護婦不足に悩む厚生省サイドでした。一九六九年斎藤昇厚生大臣が人事院総裁に看護婦の育児休職制度を検討するよう要望し、自民党内部で検討が進められたのです。これが一九七四年頃、看護婦・保母人材確保法案としてまとめられましたが、国会に提出するに至らず、野党側が対抗法案を出しています。結局一九七五年に、厚生族の橋本龍太郎議員と文教族の西岡武夫議員を中心に両者統合した法案が準備され、成立に至りました。

重要なのは、労働組合主導であれ政府主導であれ、この時期に女性のみの育児休業制度といえども確立したのは、出産育児で退職されては困るような特定職種の女性たちだけだったということです。そうでない普通の女性の場合はどういう扱いだったかというと、一九七二年の勤労婦人福祉法にあるように「必要に応じ、育児休業の実施その他の育児に関する便宜の供与を行うよう努め」ればよかったのです。そして、この点は一九八五年の男女均等法でもほとんど変わりはありませんでした。

■少子化ショックが駆動する育児休業

日本に一応法律の建前上は男女平等な育児休業制度が導入されるのは一九九一年ですが、その一〇年ほど前に女性のみの普遍的な育児休業制度が模索されたことがあります。これは自民党厚生族を中心とする動きで、大平内閣が打ち出した「家庭基盤の充実」という政策ビジョンからのものでした。一九七九年に、「乳幼児期の子供と母親のスキンシップの有無は、後の子供の成長発達に大きな影響を及ぼす」から、「職業を持つ婦人・片親世帯などやむなく家庭保育の機会を制約されている婦人のために、〇～二歳までの三年間程度の育児休業保障制度」を創設し、「安んじて家庭保育に専念できるようにすべき」という案を示しています。後に三歳児神話と呼ばれるようになるこうした表現は男女均等法以前の意識をよく示していますが、面白いのは（一方で男女平等法制には猛反対していた）日経連が、こちらの動きに対しては「女子労働者の職域を狭め、雇用における男女平等促進をさらに困難なものとする」と反発して、この動きを抑えたことです。どっちもいやというわけです。

その後、労働組合が育児休業の法制化を求め、当時の野党四党（社会、公明、民社、社民連）がはじめはばらばらに、一九八七年以降は共同で法案を国会に提出するようになり、ようやく法制化の気運が高まってきました。参議院自民党の女性議員が社会労働委員会に集中し、この問題に関心が高かったことも追い風になりました。とはいえ、育児休業法成立を後押ししたのは何より、合計特殊出生率（一人の女性が一生に生む子供の平均数）が一九八九年に一・五七、一九九〇年に一・五三と著しく低下し、出生率向上策が求められたことでした。これにより自民党首脳部が立法化を決断し、一九九一年に成立に至ったのです。そして以後四半世紀にわたって、日本のワークライフバランス政策の政治的動力は基本的に「これをやらないと少子化するぞ、怖いぞ」という脅しであったと言っても過言ではありません。

それは、少なくとも男女均等法制を前提とする以上、子供が一歳に達するまで男女平等に育児休業を取る権利が保障される制度として確立し、その後も随時着々と整備されてきました。育児休業自体は無給として制度化されましたが、その間の所得保障を雇用保険財政から一部まかなう育児休業給付も、一九九四年に二五％（五％は復帰後）で始まり、二〇〇〇年に四〇％（一〇％は復帰後）、二〇〇七年に五〇％（二〇％は復帰後）、二〇〇九年に五〇％（全額休業中）と順次拡充され、二〇一四年には最初の六ヶ月間だけ六七％となりました。

また、育休取得後にも短時間勤務や時間外労働の免除といった措置を講ずることが、当初は努力義務として設けられ、二〇〇九年には子供が三歳になるまでの短時間勤務や時間外労働の免除が義務化されています。六法全書の上の法律の規定を見る限り、日本のワークライフバランス法制はどの先進国に比べても遜色はありません。

そして、少なくとも女性に関する限り、妊娠出産で退職するのが当たり前だった時代から、産休と育児休業をつないで復職し、その後子供を育てながら働き続けることがよく見られる光景になったことも確かです。統計上、女性の育児休業取得率は二〇〇七年以降ずっと八〇％台で推移しています。しかし、第一子出産後の継続就業率はなお五〇％強ですし、この間増大し続けた女性非正規労働者には育児休業の権利はほとんどなく、継続就業率は二割以下です。

最大の問題は、法律上は男女平等に育児休業の権利があるといっても、これがほとんど専ら女性用の制度になってしまっていることです。一応、大本営発表では男性の取得率は二％前後で推移していることになっていますが、その内実は五日未満が四割以上、二週間未満まで入れると六割以上という短さです。女性は半分以上が一年前後ですから、両者を同じ育児休業という言葉で語っていいのかいささか疑問です。年休の一部を育児休業という名目で取っているだけではないでしょうか。日本の育児休業は依然としてほぼ女性専用の片面的な制度に過ぎないのが実態なのです。それにしても、正社員の女性が子供を抱えて働き続けられるようになっただけ立派ではないかということもできます。

育休世代のジレンマで悶える職場

しかし、こうした片面的な育児休業のあり方とまともに衝突するのが女性総合職という「職種」であるというのもまた事実です。なぜなら、総合職とは上述のようなワークライフ分業を前提として無制限に働くことを自らも覚悟し、会社側も期待するメンバーシップ型男性正社員のあり方を、何の変更も加えることなくそのまま女性に適用した存在だからです。子育てを任せることのできる専業主婦やせいぜいパート主婦がいることが前提の働き方を、自ら子育てしなければならない総合職女性が同様にこなさなければならないという、解きほぐしがたい矛盾がそこに絡まってきます。

この矛盾を、自らの問題として取り組みながら、同時に普遍的な問題として表現しようとしてきたのは、とりわけ無制限な働き方がデフォルトである新聞記者の女性たちでした。中野円佳氏の『「育休世代」のジレンマ』(光文社新書)は、制度が整った二〇〇〇年代に総合職として入社し、その後出産した一五人の女性たちへの濃密なインタビューを通じて、男性並みの「バリキャリ」を目指していた女性たちがさまざまな葛藤の中で退職を余儀なくされていく姿を描いています。バリバリ仕事をする気満々だった人ほど辞めていき、どこかの段階で上昇意欲を調整(冷却)したり、何かを諦めたりできた人が残っていくという、皮肉な姿です。後者は、総合職といえども男性並みではもはやなく、仕事優先ではない「マミートラック」と呼ばれる別のコースに入り込んでしまいます。

マミートラックとは、出産後の女性社員の配属される職域が限定されたり、昇進・昇格にはあまり縁のないキャリアコースに固定されたりすることです。

大学時代、ジェンダー関連の発言をしている女性が理解できなかった。「女」を扱わないと食っていけないような女にはなりたくなかった。……「私、自分が女であることに気づくのが遅すぎたんですよ」。そう言うと、男性や、多くの女性は、「えっ」「どういうこと？」とちょっと笑う。ほんの一部の、自分と同じような出自の女性は、うんうんそれ分かる、と、ものすごく深く、何度も首を縦に振ってうなずく。……

そうして、結婚・妊娠後に、数々の、初めて出合う「女扱い」に戸惑う中、多くのことを分かち合ってきたはずの男友達と、決して越えることができないと感じるような距離を感じるようになった。……

一方で、初めて、これまでゆるりと付き合ってきた「女友達」と、真剣に語り合うようになった。

その一方で、あまり表に出てきませんが、育休明け社員が残業しない分のツケがまわりの社員に降りかかってきているという悲鳴も報じられるようになりました。吉田典史氏の『悶える職場』（光文社）は自らの経験として、繁忙期なのに毎日定時に帰る上に、子供が熱を出したといっては時々早退する女性の複数いる部署で、上司や他の社員が連日の残業や休日出勤を強いられ、疲弊していく姿を描いています。「『弱者』にかき回される職場」とか「女性社員のための『犠牲』はもう御免」といったセンセーショナルな表現への評価は別として、それが日本社会の現実の姿であることもまた確かです。

いざ、この部署で働くと、その通りになっていました。部署の責任者である課長は、50代前半の女性。育休明けの2人は、毎日5時に帰ります。部署全体が忙しくとも、5時に帰るのは「当然の権利」という雰囲気を漂わせています。……

私の月の残業時間は、平均80時間ほど。多いときは、100時間目前になっていました。午前10時頃から午後11時半頃まで、フル稼働でした。月に3〜4日は休日出勤。そのうちのいくらかは当然、サービス残業となります。……

「もう、限界に近い。これ以上、仕事を抱え込むことはできない」……

「2人とも意識が家庭に向いていて、仕事に集中できていない」……

「このままでは、私たち2人は潰れる」……

「『女性の職場進出』や『母性保護』の犠牲にはなりたくない」

いつの間にか、部署全体が機能しなくなっていきました。課長と私、そして育休明けの2人のコンビの間に大きな溝ができたのです。

こうして、越えることのできない大きな溝を、その両側の立場から見たとき、それを作りだしているのが何であるかがよくわかります。

「定時で帰る」という非常識

育児休業法は一九九五年に介護休業も含めて育児・介護休業法になりましたが、累次の改正で、仕事と育児・介護負担を両立させるためのいくつもの規定が設けられてきています。それは、かつて労働基準法上で女子保護規定として設けられていたものが、育児・介護休業法において労働者の請求権として位置づけなおされたものですが、その際に法制度の原則と例外の考え方がきれいに逆転しているのです。

かつての女子保護規定においては、女子は原則として深夜業をさせることはできず、時間外労働には一日二時間、一週六時間、一年一五〇時間という上限が設定されていました。これは、それを超えて働かせることが禁止される物理的労働時間の上限です。ところが、女子のみにこのような制限があることが男女平等の障害であるという、それ自体はもっともな批判によって、最終的に一九九七年改正によりこうした女子保護規定は完全に撤廃されました。これ自体は諸外国でも起こったことです。

しかし、女子保護規定が撤廃された後に残る男女共通の保護規定というものが、残念ながら日本には存在しませんでした。もちろん、労働基準法には一日八時間、週四〇時間という法定労働時間の定めはありますが、それはいかなる意味でもそれ以上働かせてはならない物理的労働時間の上限などではなく、せいぜいそれを超えたら割増賃金を支払わなければならないという基準に過ぎません。職務にも勤務場所にも原則として限定のない男性正社員には、もちろん時間においても限定はないというのがデフォルトルールであったのです。

この時間無限定がデフォルトルールという男性正社員の土俵に、育児・介護責任を持つ（男女）労働者を投げ込んではいくらなんでも仕事と両立することはできません。そこで、育児・介護休業法においては、そうした育児・介護責任を抱えた（男女）労働者に、深夜業を免除してもらう請求権、そして時間外労働を一年一五〇時間、一月二四時間以内に制限してもらう請求権という形で規定が設けられたのです。そう、原則はあくまでも無制限に深夜業でも時間外労働でもやらせることができるのであって、育児や介護をしなければならないからといってそれを免除したり制限したりするのはあくまでその例外なのです。今日においても労働時間は無制限という原則に何の変わりもないまま、その例外ばかりが膨れあがってきています。上述のように二〇〇九年改正では子供が三歳になるまで短時間勤務や時間外労働免除の請求権も設けられました。

原則と例外は、原則が圧倒的多数で、例外がごく少数であれば、あまり問題は起こりません。しかし、例外が適用される人々が拡大してくると、原則の方にしわ寄せが来ます。そう、吉田典史氏のかつての職場に起こったのは、みんなが時間無限定で働くことを前提に、そうはいっても無茶なことにはならないように適度に調整しながらほどほどの恒常的残業で回していた職場に、時間が限定された人が相当の割合を占めるようになってしまうという事態でした。

越えることのできない大きな溝を作りだしているのは、直接的にはそれまでの日本の職場の常識に反する、時間がきたからといって帰ってしまう非常識な（！）労働者の出現です。かつての補助的業務しかやらない「女の子」社員ならともかく、職場の基幹的業務を担う社員がそんなことで、仕事が回るわけはないだろう、と、思うでしょう。男性だけでなく、意欲に燃えたバリキャリ女性も。そう、そのバリキャリ女性が、燃え尽きて辞めていく、というのが、「育休世代のジレンマ」なのです。この袋小路をどうしたらいいでしょうか。

4 ワークライフバランスの逆説

■規制緩和でワークライフバランスを実現？

さて、こうした領域を指す言葉にも流行り廃りがあります。一九九〇年代までは職業と家庭生活の両立と呼ばれ、カタカナ語ではファミリーフレンドリー（ファミフレ）がもてはやされました。二〇〇〇年代になると仕事と生活の調和と呼ばれるようになり、カタカナ語ではワークライフバランスが頻発されるようになります。おそらくその背後には、家庭生活を前面に出すとどうしても女性専用というニュアンスが抜けないので、男女共通の仕事優先ではない生活志向を打ち出したいという意図があったのでしょう。

この方向性を示しているのが、二〇〇四年六月に厚生労働省の「仕事と生活の調和に関する検討会議」がまとめた報告書で、労働時間や就業場所、仕事の種類について経営側の裁量が大きいが雇用保障が強い正社員と、前者では働く側の意向が尊重されるが雇用保障が弱い非正社員の間の働き方の二極化を問題視し、その間の調和を図るべきと論じています。今日の限定正社員、ジョブ型正社員の議論につながる源流に位置するものですが、直接法改正につながらなかったために、あまり記憶されていないようです。

この後、このトピックは内閣府の諸会議体で議論されていきます。男女共同参画会議の「仕事と生活の調和（ワーク・ライフ・バランス）に関する専門調査会」がジェンダー視点から取り上げるのは当然ですが、もう一つの会議体、規制改革・民間開放推進会議の取り上げ方は奇妙なものがありました。二〇〇五年一二月に出された「規制改革・民間開放の推進に関する第二次答申」では、驚くべきことに「一　少子化への対応等」という大項目の冒頭に「(1)　仕事と育児の両立を可能にする多様な働き方の推進」という項目がおかれ、その冒頭の具体的施策として、いわゆるホワイトカラーエグゼンプションが掲げられたのです。

ホワイトカラーエグゼンプションとは、物理的労働時間規制を持たないアメリカにおいて、週四〇時間を超えたら五〇％の割増賃金を払えという公正労働基準法の賃金規制の適用を除外するものに過ぎません。ですから、賃金法政策としてその是非を議論すれば足りるはずですが、なぜか日本ではこれを法定労働時間の適用除外のための仕組みとして議論しようとし、あまつさえ少子化対策だの育児との両立だのと、意味不明の理屈づけが持ち出される事態となってしまいました。

いうまでもなく、労働時間規制とはそれ以上長く働かせてはならないという（使用者に対する）規制であって、それ以上短く働くことは許さぬという（労働者に対する）規制ではないのですから、労働時間規制を適用除外すると仕事と育児が両立できて少子化対策になるというのは、いかなる理屈を総動員してもあり得ないナンセンスな議論のはずです。

とはいえ、この答申がほぼそのまま翌二〇〇六年三月に「規制改革・民間開放推進三か年計画（再改定）」として閣議決定されてしまうと、政府機関はすべてそれに従って粛々と立法作業にかからざるを得ませんでした。

この話をさらに混乱させたのは、多くのマスコミや政治家が、労働時間規制にはほとんど何の関心も払わず、もっぱら残業代ゼロ法案がけしからんという論陣を張って、二〇〇七年に法案の国会提出を阻止してしまったことです。時間無制限に働くことはやぶさかではないが、生活費に組み込まれている残業代を取り上げられることだけは絶対に阻止したいという、ある種の典型的な男性正社員の発想がいかに強いかを改めて感じさせる出来事でした。

■第一次ワークライフバランスが空洞化

しかし、今日に至るまでなお、労働時間規制を緩和してより自由に働けるようにすることがワークライフバランスの実現に役立つとか、ひいては女性の活躍促進に結びつくという発想は強固なようです。最終的には二〇一四年六月の『「日本再興戦略」改訂二〇一四』に盛り込まれなかったとはいえ、その直前の四月に産業競争力会議雇用・人材分科会の長谷川閑史主査の名で出された「個人と企業の成長のための新たな働き方」というペーパーには、「一律の労働時間管理がなじまない働き方に適応できる、多様で柔軟な新たな労働時間制度」が必要である理屈づけとして、次のような文言が堂々と載っていました。

子育て・親介護といった家庭の事情等に応じて、時間や場所といったパフォーマンス制約から解き放たれてこれらを自由に選べる柔軟な働き方を実現したいとするニーズ。特に女性における、いわゆる「マミー・トラック」問題の解消。

労働時間規制を緩和して、より長く働かせることができるようになれば、子育てや介護と両立できてマミートラックも解消するというすばらしいおとぎ話です。

そこには、上述の労働時間規制そのものに対する根本的な誤解があるのは確かですが、それとともに、ワークライフバランスと法規制とのいささか輻輳した関係がきちんと理解されていないこともあるように思われます。というのは、とりわけヨーロッパの文脈では、労働時間のあり方を柔軟化することが労働者のワークライフバランスに役立つという議論が多く見られるからです。しかし、労働時間規制そのものの有り様の違いを無視してその種の議論を直輸入してしまうと、とんでもない間違いをしでかすことになりかねません。

ものごとを論ずる際にはまず基本に帰る必要があります。ある一定時間以上働かせてはならないという労働時間規制はワークライフバランスに対してどういう効果を持つでしょうか？　いうまでもなく、職場の仕事以外にさまざまな役割を担わなければならない労働者にとっては、プラスの効果を持ちます。労働時間が規制されているがゆえに、例えば子供に朝食を作ってあげてから会社に向かうことができます。家に帰ってから子供に夕食を作ってあげることができます。労働時間の柔軟性（フレクシビリティ）ではなく硬直性（リジディティ）こそがワークライフバランスを保障するのです。これが出発点です。これを第一次ワークライフバランスと呼びましょう。

こういう意味でのワークライフバランス保障は物理的な労働時間規制でないと意味がありません。それを超えたら残業代を払えというだけの賃金規制では不可能です。そういう物理的な上限規制は、ヨーロッパにはありますが、日本には（ほとんど）ありません。ＥＵの労働時間指令には次のような規定が設けられています。

第三条　毎日の休息期間

加盟国は、すべての労働者に、二四時間の期間ごとに継続一一時間の最低の一日ごとの休息期間を得る権利を確保するために必要な措置をとるものとする。

第五条　毎週の休息期間

加盟国は、七日の期間ごとに、すべての労働者に第三条にいう毎日の一一時間の休息期間に加え最低二四時間の継続的休息期間を確保するために必要な措置をとるものとする。

第六条　最長週労働時間

加盟国は労働者の安全及び健康を保護する必要性を維持しつつ、以下を確保するために必要な措置をとるものとする。
（a）週労働時間の長さが、法律、規則若しくは行政規定により又は労働協約若しくは労使協定により制限され、
（b）七日の期間ごとの平均労働時間が、時間外労働を含め、四八時間を超えないこと。

世の中には慌て者がいて、なんだヨーロッパはまだ週四八時間制か、日本は既に週四〇時間制だぞ、と口走ったりします。日本の週四〇時間はそこから残業代の計算が始まる時間ですが、ヨーロッパの週四八時間はそこで残業が終わる時間です。一見しょぼく見える週休一日も、休日出勤が許されない一日です。日本は割増率が二五％から三五％にかさ上げされるというだけの日です。そして、日本には全くない規定として、毎日必ず一一時間仕事から離れて過ごす時間を確保しなければなりません。EU二八か国の法律にはこういう規定が入っているのです。これが出発点です。彼らはこれをワークライフバランスなどと呼びませんが、しかし内容的にはこれこそ第一次ワークライフバランスと呼ぶべきものです。

■第二次ワークライフバランスだけが遜色なく充実

しかし、この出発点だけではワークライフバランスには十分ではない、というのが、ヨーロッパでワークライフバランスという言葉で語られるさまざまな制度です。朝は子供を保育所に預けに行くために、同僚よりも遅く出勤し、そして夕方は子供を引き取りに行くために同僚よりも早く退勤することができれば、子育てする労働者のワークライフバランスはより充実できるでしょう。さらに、子供が病気になれば医者に連れて行かねばならず、薬局で薬をもらって子供に呑ませ、寝かしつけて様子を見ようとすれば、半日、場合によっては一日潰れます。そういう育児や看護のための特別な状況に対応するために必要なのは、先程とは打って変わって、労働時間の柔軟性です。これを第二次ワークライフバランスと呼ぶことができます。そのための仕組みもヨーロッパ諸国では整備されています。とはいえその内容は、日本の育児・介護休業法で保障されているさまざまな仕組みと大して変わりません。先に述べたとおり、「六法全書の上の法律の規定を見る限り、日本のワークライフバランス法制はどの先進国に比べても遜色は」ないのです。では何が違うのか？　読者にはもうおわかりでしょう。

第二次ワークライフバランスは遜色がないくらい充実しているのに、育休世代が深刻なジレンマに投げ込まれるのはなぜなのか。それはその基盤となるはずの第一次ワークライフバランスが空洞化しているからですね。ヨーロッパでは、育児休業を取っている人や短時間勤務をしている人以外の労働者も、第一次ワークライフバランスは確保されているのが前提です。ところが、日本ではそうではありません。日本型雇用システムの下におけるワークライフ分業では、男性正社員は時間無制限の労働義務を負う代わりに女房子供を養う賃金を生涯にわたって保障されるという等価交換が成立していました。法律上は存在することになっている第一次ワークライフバランスを保障する労働時間規制など、会社にとってだけでなく、男性正社員にとっても大して意味のあるものではなかったのです。生活費に組み込まれた残業代の計算に使う以外には。

第一次ワークライフバランスがほとんど存在感がないまでに空洞化しているところに、そこだけ異様に完備された第二次ワークライフバランスを持ち込むと何が起こるか？　総合職女性が「育休世代のジレンマ」に悩み、その周囲の人々が「悶える職場」が、こうして生み出され続けることになります。

5　マミートラックこそノーマルトラック

■マミートラックは定員オーバー

二〇〇七年改正パート法が通常の労働者と呼んだ日本型正社員の姿は、他の諸国では全然通常ではありません。職務内容も勤務場所も労働時間も限定されているのが通常であって、職種の性質上時間や場所が限定しにくい方が異常とまではいわなくても非通常であることは間違いありません。そういう限定された通常の労働者がたどるキャリアは、言葉の定義上ノーマルトラックということになります。そして、その通常の道を、子育て責任を負った男女が普通にたどることができる以上、それとは別の道がマミートラックなどと呼ばれる必要もありません。

マミートラック問題の難しさは、「ワーキングマザー自身がマミートラックを望んでいる」と見えることである。子供との時間の確保のために本人が「第一線」に戻るのをためらう。

その背景には、「第一線」が働きにくいという前提があり、前提が変われば本人の選択も変わる可能性がある。しかし実際には、本人の希望も尊重するからこそ「マミートラック」に塩漬けされてしまうことが起こりうる。さらに、働く母親の増加に伴って、マミートラックが定員オーバーになりつつある企業もあり、対応が急がれている。

中野円佳氏の言うように、無制限に働ける男性を前提にしたノーマルトラックをそのままにして、例外としてのマミートラックでしのごうという対応を繰り返していけば、それがやがて定員オーバーで破綻するのは見やすい道理です。子供を抱えて働く女性が例外ではなくむしろ通常の存在であるような時代になればなるほど、そういう（パート法の定義とは異なる、本来の意味での）通常の労働者が無理なくたどれる道筋がノーマルトラックでなければならないはずです。

もちろん、日本型雇用の下でいつでもどこでもどんな仕事でも働かせることができるという究極の柔軟性を駆使することでその世界に冠たる競争力を実現したという成功経験をもった人々であればあるほど、（たかが有夫有子の女性が増えたからといって）その原理を捨てることに対して猛烈な抵抗感を感じることは想像できます。しかし、彼らが脳内で描くワークライフ分業に基づく理想の社会は、残念ながらもはや再建することは不可能でしょう。今までマミートラックと馬鹿にしていたあり方をノーマルトラックとして位置づけ直すのか、「冗談ではない！」と今までのノーマルトラックを断固護持していくのか、日本社会はいま、将来の姿を選ばなければならない岐路にさしかかっているのでしょう。

■女性の「活躍」はもうやめよう

ここ数年、労働関係で話題となっているのが限定正社員とかジョブ型正社員と呼ばれる雇用形態です。というと、なんだか人ごとみたいですが、実は私自身、この議論を提起した一人でもあります。そして、『若者と労働』（中公新書ラクレ）や『日本の雇用と中高年』（ちくま新書）では、非正規で働く若者の正社員化の受け皿や、追い出し部屋に追いやられかねない中高年の救済策として、ジョブ型正社員を活用することを訴えました。

ただ、『若者と労働』ではメインの論点から少し外れて、これが女性の働き方の問題についても解決策になるのではないかということを論じました。職務が限定的で配置転換の可能性もほとんどない一般職というモデルは、実は欧米社会でそれこそ一般的な労働者の姿そのものです。それを若干修正することで、欧米社会で一般的な労働者の姿を日本の既存のシステムの中に見いだすことができるかもしれません。ジョブ型正社員というモデルをいささかの誤解を恐れずに近似的に表現するならば、それは男性も女性もデフォルトで一般職になれるようにしようよ、ということになるのではないか、という趣旨でした。

その後、二〇一四年三月に内閣府経済社会総合研究所等の主催で開かれた「経済における女性の活躍に関する共同セミナー」で、私は「今の社会の文脈で女性の活躍ということを言うと、それは伝統的な男性正社員並みという含意をどうしても引きずってしまいます」と疑義を呈し、「女性の『活躍』はもうやめよう」とやや過激なことを口走ったため、「総合職を減らし、そして一般職を増やそうという提言をしているように見える」と強い批判を受けたことがあります。

そこで私は次のように考えを述べました。

一般職を増やそうという話なのか、という点についてですが、一般職自体が昔のまさに典型的な60年代型の発想の女性正社員モデルを看板だけつけ替える形で残してきたものなので、どうしても補助的な仕事というインプリケーションのある言葉です。そんなモデルで良いはずはないので、だからこそきちんとした生涯キャリアがあるような、しかし今までの男性型の無制限な働き方でないような働き方のモデルを出しましょうというのが私は限定正社員という概念を提起する意味だと思っているのです。

そこを見直すということは、女性用の一般職という枠からそうでない男女共通の、しかし一定の限定のある働き方というふうに発想の転換をしなければいけないのです。旧来型の総合職と一般職の分担を前提とした意味での男性型「活躍」モデルを前提にした上で、その「活躍」を女性も同じようにやるんだという話にしてしまうと、それはやはりかなり無理を要求することになるのではないか。

残念ながら、今日まで限定正社員、ジョブ型正社員に関する議論は結構盛んに行われているにも関わらず、それはほとんどもっぱら職務限定正社員や勤務地限定正社員であり、それゆえにまた解雇規制との関係でその是非が熱っぽく議論されているのですが、ワークライフバランスを確保するという観点からの時間限定正社員という議論は、あまり関心の対象になっていません。そのこと自体が、この問題へのバイアスを示しているように思われます。

先に見た間接差別の議論においても、転勤を採用や昇進の要件とすることは議論の対象になりましたが、長時間労働を要件とすることが間接差別ではないかという議論は一度も提起されたことはないようです。時間無限定をデフォルトルールとする感覚は、ことほどさように強いものがあるのでしょう。

■マタニティという難題

さてしかし、ここまでのワークライフバランスをめぐる議論は、フェミニズムの用語で言えばあくまでジェンダーの枠内に収まるものでした。つまり、男女の生物学的な差とは一応別次元で、社会的文化的に形作られた役割の違いから生ずる問題でした。それゆえ、その解決の方向性は基本的には、専業主婦やパート主婦がいることを前提に無限定に働ける男性正社員モデルを見直し、男女ともに仕事と家庭生活に時間を配分できるような働き方に変えていくということになるわけです。

ところが、そういう男女の対称性が破れる領域があります。いうまでもなく、生物学的に女性しかやれない妊娠、出産をめぐる領域です。そして、ワークライフバランスの議論が一巡した最近になって、工場法時代からずっと女子労働問題の中心的課題の一つであり続けてきたこの問題が、再び脚光を浴びるようになりました。今度は今風にマタニティ・

ハラスメント（マタハラ）と呼ばれていますが、要は女性が妊娠・出産したことに絡んで嫌がらせを含むさまざまな不利益な取扱いを受けるという伝統的な問題です。

この問題が本書の一貫したテーマである日本型雇用と交差するのが、出産時期の問題です。これはちょっと入り組んでいます。『若者と労働』と『日本の雇用と中高年』で論じたことと密接につながっているのです。日本型雇用システムの下で得をしているのは誰かといえば、もちろんスキルなどなくてもすいすいと企業が採用してくれる若者ですし、誰が損しているかといえば、スキルや経験があっても採用されにくい中高年であるということは、繰り返し述べてきたとおりですが、それを前提に、できるだけ痛みを伴わない形で雇用システムの改革をしようとすれば、若者の入口はできるだけ今までどおりにし、中高年以降をジョブ型にシフトしていこうという議論になるはずです。実際、雇用問題の論客である海老原嗣生氏は、『雇用の常識　決着版』（ちくま文庫）、『日本で働くのは本当に損なのか』（PHPビジネス新書）、『いっしょうけんめい「働かない」社会をつくる』（PHP新書）など近著で繰り返し、入口は日本型のままで、三五歳くらいからジョブ型に着地させるという雇用モデルを推奨しています。

この解は、若者（男性）と中高年（男性）という二つの変数をもつ二元連立方程式の解としては現時点でもっともリアルな解と言えましょう。若者の入口まで一気にジョブ型にしてしまうと、現在の教育システムからスキルなんかない方がいいという前提で生み出されてくる若者たちは阿鼻叫喚の地獄絵図に放り込まれることになります。それを解決するために教育システムを職業的レリバンスのあるものに改革することは、膨大なアカデミック教育需要のお陰で生計を立てることができていたそれなりの数の人々を失業の淵に叩き込むことになります。そういう激変を回避したい穏健派にとっては、望ましい解なのです。

■高齢出産が「解」なのか?

しかし、にもかかわらず、この問題を女性という第三の変数を含む三元連立方程式として解こうとすると、この解は女性に高齢出産を要求するというかなり問題含みの解になってしまうのです。海老原氏の『女子のキャリア』(ちくまプリマー新書)は、その最終章「『三五歳』が女性を苦しめすぎている」で、「出産は二〇代ですべき」という論調に反発し、さまざまな医学的データまで駆使して、三〇代後半から四〇代前半で子供を生んでいいではないかと、高齢出産を余儀なくされる女性たちを擁護します。

だからこそ、事後追認でかまわないから、結婚は三五歳まで、出産は四〇歳までとひとまず常識をアップデートしてほしいのです。これでようやく、クリスマスケーキやOLモデルといった一九八〇年代の幻影から逃れることができるでしょう。

この常識が広まれば、いよいよ女性も普通に、三〇代を楽しめるイメージが持てるようになるはずです。さらにいえば、もう五歳遅くとも、結婚も出産もできないことはない、という譲歩節を付け加えられないでしょうか。つまり、四〇歳までに結婚して四五歳までに産むことだって、現実的な選択だ、と。

働く女性を応援しようという海老原氏の意図はよく伝わってきます。しかし、それで正しい解になっているのか、正直、私には同意しきれないものがあります。マタハラ問題を世に広めた小林美希氏の『ルポ産ませない社会』（河出書房新社）は、「年々増える35歳以上の高年齢出産」という項で、こんな事例を紹介しています。

「今、妊娠したら困る。この仕事が終わったら……」

都内のコンサルティング会社で働く槌田寛美さん（仮名）は、子供が欲しいと思いながらも仕事に区切りをつけられず、40代に突入してしまった。……

40歳の誕生日を区切りに、「そろそろ真面目に妊娠を考えよう」と、婦人科クリニックに足を運んだ。……医師からは「35歳から妊娠しにくくなり、流産の率が高まる。40歳ならなおさら。本当に妊娠したいなら、仕事をセーブしなければ」と忠告され、仕事か妊娠かを迫られている。

マタニティという生物学的な要素にツケを回すような解が本当に正しい解なのか、ここは読者の皆さんに問いを投げかけておきたいと思います。

終章　日本型雇用と女子の運命

今日の日本における日本型雇用システムと女性労働をめぐる状況は何重にも複雑に錯綜しています。一九九〇年代に日本型雇用に起こった変化は、中核に位置する正社員に対する雇用保障と引き替えの無限定の労働義務には手をつけず、もっぱら周辺部の非正規労働者を拡大する形で進みました。それまでデフォルトで差別されていた女性は、男性並みに働くことを条件に総合職、基幹職として活躍していきますが、それができない多くの女性は、一般職という安住の地から非正規労働という下界に追いやられていきます。一方、はじめから正社員コースがデフォルトであった男性は、とりわけ就職氷河期の若者（今や中年層ですが）を中心に非正規労働化していき、これが（女性非正規では意識されなかった）「格差社会」問題を意識させるようになります。

一九八〇年代には日本型雇用を勝ち誇る日本経済の原動力として賞賛していたネオリベ派は、一九九〇年代にはそれを経済沈滞の原因として糾弾するに至りますが、その際、世界に例を見ない雇用契約の無限定性にはほとんど目を向けず、もっぱら生活給の必要ゆえの年功的昇給を目の仇にし、成果主義を唱道しました。欧米の成果給は契約に定める職務の成果を測ります。しかし日本では、仕事に値段がつくのかそれとも人に値段がつくのかという賃金論の「いろはのい」が全く無視され、職務無限定というデフォルトルールになんの変更もなく、「成果を挙げていないから賃金を下げる」理屈づけの材料として強行されたのです。職務の定めなき成果主義の強行は、評価に納得できない労働者の不平不満の元となり、二〇〇〇年代には批判がわき起こりました。ただその批判は、旧来の「ポストで処遇する」日本型雇用を懐かしむばかりで、将来への展望を開くようなものではありませんでした。

もちろん、職務の定めなき日本的成果主義という矛盾に満ちた存在も、「〝妻子を養う〟男の生活費にみあう賃金に、女をあずからせるということ自体が論外」というイデオロギーに悩まされてきた女性たちにとっては、ある意味で福音だった面も否定できません。しかしこの「福音」は、何をどこまでやれば成果を出したことになるのかが不明確なまま、無制限な長時間労働による成果競争の渦の中に女性を巻き込むものでもありました。そのような無理な競争に食らいついていけない女性たちは、差別のゆえではなく自らの主体的意思によってそこから降りることを余儀なくされます。

そして、そういう日本的成果主義の世界とはあたかも切り離された別世界のお話であるかのように、二〇〇〇年代にはワークライフバランスの大合唱がわき起こり、ノーマルトラックとは区別されたマミートラックが作り出され、その両側に分断された女性たちがどちらも不満を募らせるという状況が進んでいるのが現在の姿と言えましょう。

　この多重に錯綜する日本型雇用の縮小と濃縮と変形のはざまで振り回される現代の女子の運命は、なお濃い霧の中にあるようです。

あとがき

本書を執筆するきっかけは、文春新書編集部にいた鳥嶋七実さんがたまたま『文藝春秋オピニオン　2015年の論点100』というムックを担当されたことにあります。同書に私は「高コスト中高年正社員は生き残れるか」という見開き二ページの小文を寄せたのですが、その打ち合わせで鳥嶋さんといろいろと雑談するうちに、いつの間にか女性労働問題で新書を書くということにされてしまっていたのです。

あとから気がついたのですが、上野千鶴子氏の『女たちのサバイバル作戦』（文春新書）の「結びにかえて」によると、鳥嶋さんは上野氏のゼミ生だったんですね。知らないままにうまく嵌められていた感もなきにしもあらずですが、しかしこういうことでもないとなかなか女性という切り口からまとめようとはしなかったでしょうから、有り難い機会を与えていただいたと思っています。

その後鳥嶋さんが文芸部に異動し、「前から労働問題を担当したかった」という髙木知未さんの担当の下で、ようやく刊行にこぎ着けたことに感慨無量です。

女性労働に関する書物は山のようにありますが、本書の特徴は徹頭徹尾日本型雇用という補助線を引いて、そこから論じたところにあります。その意味で、『若者と労働』（中公新書ラクレ）、『日本の雇用と中高年』（ちくま新書）とともに、労働者の属性別三部作の一環として位置づけられます。ですから、女性論としてはここが足りない、あれも欠けているという批判はいっぱいいただくと思われますが、他書には乏しいその付加価値のところを批評いただければというのが著者の願いです。

ただ最後に一点だけ言い訳をさせてください。今や女性労働者の過半数がパートや派遣といった非正規労働者であるのに、本書がその問題を正面から取り上げていないのはおかしいではないか、という批判が予想されます。はい、私もそう思います。実際、初稿では非正規労働問題に三節ほど割いてあれこれ論じていたのです。しかし、主としては紙数の関係でその部分は割愛することにしました。とはいえ、なぜ他の部分ではなく非正規労働に関する部分を削除したのかは、もう少し説明が必要でしょう。

実は、非正規労働について書いていくと、最近に近づけば近づくほど、女性労働問題ではなくなってくるのです。『若者と労働』で述べたように、主婦パートが中心だった頃にはなかなか進まなかった均等待遇問題が、年長フリーターが問題になった二〇〇七年には

「再チャレンジ政策」の一環としてパート法改正に至りましたし、有期契約社員の不合理な待遇を禁止した二〇一二年の労働契約法改正も、女性政策という意識は希薄でした。一九九七年にはOLビッグバンの受け皿と思われていた派遣という働き方が、二〇〇八年末には「年越し派遣村」として老若の男性フリーターのイメージで語られるようになったことは、そのもっとも鮮烈な事例でしょう。

そして高度成長期以前に遡れば、そこにはやはり成人男性の非正規労働者の姿が政策課題として浮かび上がっていたことがわかります。昔に遡っても現代に下っても、非正規労働を女性労働問題の枠組みだけで論ずることは困難なのです。初稿の三節は、どのみち非正規労働論としては不十分なものとなるしかありませんでした。本格的に論じようとしたら、この本一冊分くらいの分量が必要だったのです。全体の紙数からかなりの分量のカットを求められた時に、迷いなく非正規労働の部分を挙げたのは、そういう事情があります。ご寛恕いただければ幸いです。

濱口桂一郎（はまぐち　けいいちろう）
1958年、大阪府生まれ。東京大学法学部卒業。労働省、欧州連合日本政府代表部一等書記官、衆議院調査局厚生労働調査室次席調査員、東京大学客員教授、政策研究大学院大学教授を経て、現在、労働政策研究・研修機構の研究所長。日本型雇用システムの問題点を中心に、労働問題について幅広く論じている。著書に『ジョブ型雇用社会とは何か』（岩波新書）、『若者と労働―「入社」の仕組みから解きほぐす』（中公新書ラクレ）、『日本の雇用と中高年』（ちくま新書）ほか多数。

文春新書

1062

働《はたら》く女子《じょし》の運命《うんめい》

2015年12月20日　第1刷発行
2021年10月10日　第6刷発行

著　者　濱口桂一郎
発行者　大松芳男
発行所　株式会社　文藝春秋

〒102-8008　東京都千代田区紀尾井町3-23
電話（03）3265-1211（代表）

印刷所　理想社
付物印刷　大日本印刷
製本所　大口製本

定価はカバーに表示してあります。
万一、落丁・乱丁の場合は小社製作部宛お送り下さい。
送料小社負担でお取替え致します。

ISBN978-4-16-661062-4

◆考えるヒント

◆教える・育てる

幼児教育と脳　澤口俊之
語源でわかった！英単語記憶術　山並陞一
外交官の「うな重方式」英語勉強法　多賀敏行
女子御三家 桜蔭・女子学院・雙葉の秘密　矢野耕平
男子御三家 麻布・開成・武蔵の真実　矢野耕平
僕たちが何者でもなかった頃の話をしよう　山中伸弥・羽生善治・是枝裕和・山極壽一・永田和宏
続・僕たちが何者でもなかった頃の話をしよう　池田理代子・平田オリザ・彬子女王・大隅良典・永田和宏

◆サイエンス

世界がわかる理系の名著　鎌田浩毅
「大発見」の思考法　山中伸弥・益川敏英
粘菌 偉大なる単細胞が人類を救う　中垣俊之
ねこの秘密　山根明弘
ティラノサウルスはすごい　土屋 健・小林快次監修
アンドロイドは人間になれるか　石黒 浩
マインド・コントロール　岡田尊司
サイコパス　中野信子
植物はなぜ薬を作るのか　斉藤和季
超能力微生物　小泉武夫
秋田犬　宮沢輝夫
フレディ・マーキュリーの恋　竹内久美子
猫脳がわかる！　今泉忠明
ウイルスVS人類　瀬名秀明・押谷 仁・五箇公一・岡部信彦・河岡義裕・大曲貴夫・NHK取材班